Stefan Heller

Erfolgreich und wirksam präsentieren durch NLP

Wie Du mit Techniken, Methoden und Strategien aus dem Neuro Linguistischen Programmieren Online oder in Präsenz nachhaltiger wirkst.

Impressum und Urheberrecht

Die durch die Seitenbetreiber erstellten Inhalte und Werke auf diesen Seiten unterliegen dem deutschen Urheberrecht. Die Vervielfältigung, Bearbeitung, Verbreitung und jede Art der Verwertung außerhalb der Grenzen des Urheberrechtes bedürfen der schriftlichen Zustimmung des jeweiligen Autors bzw. Erstellers. Downloads und Kopien dieser Seite sind nur für den privaten, nicht kommerziellen Gebrauch gestattet.

Soweit die Inhalte auf dieser Seite nicht vom Betreiber erstellt wurden, werden die Urheberrechte Dritter beachtet. Insbesondere werden Inhalte Dritter als solche gekennzeichnet. Sollten Sie trotzdem auf eine Urheberrechtsverletzung aufmerksam werden, bitten wir um einen entsprechenden Hinweis. Bei Bekanntwerden von Rechtsverletzungen werden wir derartige Inhalte umgehend entfernen.

Bibliografische Information der Deutschen Nationalbibliothek: Die Deutsche Nationalbibliothek verzeichnet diese Publikation in der Deutschen Nationalbibliografie; detaillierte bibliografische Daten sind im Internet über http://dnb.dnb.de abrufbar.

© 2023 Stefan Heller

Bilder: Dominik Pfau, Stefan Heller
Texte: Stefan Heller

Herstellung und Verlag: BoD – Books on Demand, Norderstedt
ISBN: 9783757800031

„Auf Veränderung zu hoffen, ohne selbst etwas dafür zu tun,

ist wie am Bahnhof zu stehen und auf ein Schiff zu warten!"

(*Albert Einstein*)

Vorwort

Es gibt viele Formen der Präsentation, ob im Austausch mit einer Person, Gruppen, dem Team, im Meeting, dem Kunden, als Lehrer, Ausbilder und Trainer oder auf Großveranstaltungen. Das kann dann direkt und persönlich in Präsenz oder auch online stattfinden und es geht dabei immer um die maximale Wirksamkeit, denn sicher haben wir alle schon einmal die Erfahrung gemacht, wie es ist, wenn eine Präsentation langweilig, einschläfernd, wenig begeisternd und demotivierend ausfällt.

Wie erfrischend ist es dann, wenn uns das Gegenteil begegnet und woran liegt das, denn oft bemerken wir den Unterschied auch als Emotion, jedoch können wir es im Detail noch nicht benennen und das fängt oft schon in der Schule oder in der Ausbildung und Studium an.

Bereits seit vielen Jahren bin ich als Trainer, Coach, Speaker und NLP - Lehrtrainer am Markt und bilde dabei auch andere Trainer und Speaker aus, daher weis ich sehr genau, was funktioniert und auf was zu achten ist, um wirksamer im persönlichen Auftritt zu sein und daran lasse ich meine Teilnehmer und Leser durch dieses Buch gerne teilhaben.

Kurz in eigener Sache und der Ansprache im Buch! Ich wähle hier bewusst die „Du – Form", um Dich direkt anzusprechen und wenn Du das gerne in anderer Form möchtest, dann denke Dir gerne die von Dir erwünschte Form an entsprechender Stelle!

Der Anspruch an gute Präsentationen steigt stetig und das ist die Herausforderung an den Chef, Teamleiter, Verkäufer, Lehrer, Trainer, Speaker und Redner und viele mehr! Woran liegt das?

Das Arbeitsfeld wird immer komplexer und die Geschwindigkeit nimmt in der Dynamik zu. Der Informationsüberfluss wird fast schon inflationär betrieben und es prasseln von außen kontinuierlich auf uns herein, so dass wir diese kaum noch bewältigen können. Dadurch wird eine Reizüberflutung erzeugt, die zu einer gewissen Verarbeitungsmüdigkeit des Gehirns führt und vieles wird dabei schnell „Weggefiltert".

Das ist eine Art „Überlebensreflex", was wir als überflüssig tilgen oder gar nicht zu uns hereinlassen und wir entscheiden auch, wie lange wir überhaupt geneigt sind, unsere Aufmerksamkeit hoch zu halten.

Aus welchem Grund gelingt es daher dann doch manchen Moderatoren, Speakern, Verkäufern, Vortragenden, Seminarleitern, Verantwortlichen in Meetings und Rednern, dass sie Ihre Zuhörer fesseln und die Menschen an Ihren Lippen hängen, Beziehung aufbauen, zu überzeugen und berühren, während andere Ihre Zuhörer regelmäßig zum Einschlafen bringen, langweilen und von Begeisterung wenig spürbar ist!

Auch die Wirtschaftlichkeit oder der anschließende Umsetzungserfolg, stellt sich bei Sprechern mit Wirkung deutlich ein und es werden die berufliche Entwicklung, Tagessätze und Ergebnisse generiert, wovon andere noch nicht einmal träumen.

Auch wenn du innerhalb eines Unternehmens tätig bist und immer wieder „öffentlich" vor anderen sprichst und sei es im Mitarbeitergespräch, wird Dir der Ruf Deiner letzten Präsentationen vorauseilen.

Erneut die Frage: „Woran liegt das?"

Der Unterschied liegt sehr oft in vermeintlichen Kleinigkeiten, jedoch mit immenser Wirkung auf die Zuhörer.

Gerade das macht den Unterschied und was vermeintlich von außen betrachtet sehr schwer aussieht wie zum Beispiel eine volle Powerpoint-Präsentation, ist in Wirklichkeit sehr schnell und leicht erstellbar, während der nach außen sichtbare leichte, humorvolle, informative und charismatische Vortrag locker wirkt, ist es die wahre Kunst, diesen so wirken zu lassen. Das ist dann allerdings tatsächlich mit Arbeit, Ausarbeitung und dem Training wirkungsvoller Techniken verbunden!

Die Summe gerade dieser vermeintlichen „Kleinigkeiten" mit jedoch jeweils großer Wirkung macht dann den Unterschied zu einer bemerkenswerten Präsentation. Diese gezielt erlernt, lässt Dich von außen betrachtet, in scheinbarer Leichtigkeit und einfacher Weise überzeugender und wie selbstverständlich auf Deine Zuhörer Wirken!

Seine Dienstleistungen, Ideen, Produkte, sich selbst oder Veränderungen im Unternehmen wirkungsvoll zu transportieren und zu präsentieren, wird in unserer heutigen Zeit daher immer wichtiger.

Dabei gilt es einen Unterschied zu den üblichen Vorträgen und Präsentationen zu machen und sich mit seiner Art und Weise von den anderen in positiver Weise zu unterscheiden. Es geht darum überraschend anders zu sein, als die übliche „Hausmannskost" die ja viele bereits von unseren Lehrern oder Ausbildern gewohnt sind. Der Weg geht weg von Langeweile und Reizüberflutung hin zu Information gepaart mit Unterhaltung!

In diesem Buch beschäftigen wir uns gezielt mit Inhalten aus NLP Ausbildungen und wie Du damit Deinen Vortrag unterhaltsam, spannend, informativ gestaltest und gleichzeitig Beziehung zu den Teilnehmern herstellst, um diese weiter Aufmerksam bei positiver Stimmung zu halten.

Die für dich wertvolle Botschaft ist: *„Es ist erlern- und trainierbar!"*

Ich wünsche Dir viel Spaß damit und in der anschließenden Umsetzung!

Dein Stefan

Inhalte / Kapitel

- Vorwort   7

- Inhalte / Kapitel   10

- Einleitung   14

- 1 Haltung / Einstellung / Mind Set und Motivation /
  Kopfkino - State – Management   17
  - 1.01 Haltung / Einstellung   17
  - 1.02 Mind Set, Sinne und „Kopfkino"   18
  - 1.03 Die Sprache der Sinne   21
  - 1.04 Motivation   22

- 2 Rapport, Wirkungsbrücken und
  Wirkungsverstärker, Dramaturgie   29
  - 2.01 Wirkungsbrücke: Dramaturgie und Aufbau   29
  - 2.02 Wirkungsbrücke: Dramaturgie Kurve   30
  - 2.03 Wirkungsbrücke: Präsentationsformat mit
    Wirkung   31
  - 2.04 Wirkungsbrücke: Sinnvolle Aufteilung der
    Inhalte   32
  - 2.05 Weitere Struktur – Angebote   33
  - 2.06 Wirkungsbrücke: Rapport / Nonverbale
    Wirkung / Erstkontakt   35
  - 2.07 Wirkungsbrücke: Begrüßung / Anfang von
    Reden und erste Worte, Stilmittel   37
  - 2.08 Powersatz und Eröffnung (Opener)   38
  - 2.09 Erste Inhalte / Sätze weitere Beispiele   41
  - 2.10 Vorstellung   42
  - 2.11 Teilnehmer- Zuhörer- Lern- und Verhaltens-
    Typen abholen   43
  - 2.12 Wirkungsbrücke: Bühne und
    Präsentationspunkte   46
  - 2.13 Wirkungsbrücke: Gestik (negatives weg /
    analoges Markieren)   48
  - 2.14 Wirkungsbrücke: Kongruenz   50

- 2.15 Wirkungsbrücke: Verbindung halten 51
- 2.16 Wirkungsbrücke: Kommunikation / Rhetorik 52
- 2.17 Weitere Überzeugungshilfen zur
  Argumentation 53
- 2.18 Spannungsbogen und Stimmung 53
- 2.19 Verbindende Formulierungen und
  Verwendung positiver Sprache 56
- 2.20 Wirkungspausen 57
- 2.21 Wirkungsbrücke: Verbindlichkeit, Meeting /
  Teilnehmer 58

- **3 Fragetechnik / Meta – Modell („Modell der Welt")
  / Kernfragen 60**
- 3.01 Dilts – Ebenen 60
- 3.02 „Indirektes" – Fragen 62

- **4 Einsatz von Visualisierung und Medien 64**
- 4.01 Eigene Person / Rapport 65
- 4.02 Flipchart Visualisierung (Den Sinn „sehen"
  aktiv ansteuern) 66
- 4.03 Power Point 67
- 4.04 Moderationskarten 67
- 4.05 Hören, Emotion und Haptik (Die Sinne
  „Auditiv" und „Kinästhetisch") 68
- 4.06 Gesprächspartner und Publikum 69
- 4.07 Handout und Whiteboard 70

- **5 Milton Modell / Metaphern / Utilisieren / Rapport 73**
- 5.01 Historische, persönliche oder literarische
  Metapher 73
- 5.02 Verallgemeinerung 75
- 5.03 Wirkung und Ergebnis 75
- 5.04 Utilisieren und Rapport 76
- 5.05 Verknüpfungen 77

- **6 Anker**   **79**
  - 6.01 Anker für sich selbst als Ressource
    einsetzen   **80**
  - 6.02 Besonders hilfreich zur Anwendung - die
    T.I.G.E.R. – Formel   **84**
  - 6.03 Beispiele   **85**
  - 6.04 Übungsaufgaben für Anker   **88**

- **7 Reframing**   **91**
  - 7.01 Reframing – einen anderen Rahmen
    schaffen   **91**

- **8 Abschluss**   **96**

- **9 Extra als Zugabe: Vermeidbare Fehler**   **98**

- **Nachwort**   **100**

- **Der Autor**   **101**

- **Werbung und Kontakt**   **104**

„Wenn Sie lernen, wie Sie für alle Menschen verständlich werden, wird Ihr Leben leichter und auch erfolgreicher.

Stefan Heller gehört zu den wichtigsten Kommunikationsexperten im deutschsprachigen Raum."

(Julien Backhaus / Medienunternehmer u. A. Erfolg Magazin, Bestsellerautor)

Einleitung

Was genau ist der Grund für die Entstehung dieses Buches?

Als Trainer, der bereits seit über 20 Jahren am Markt ist und unter anderem auch andere Trainer und Speaker ausbildet gehört das Thema Präsentation auch zu meinen Angeboten. Ich selbst präsentiere ständig in Präsenz und Online.

Mir ist dadurch noch einmal Bewusst geworden, wie viele Menschen auf unterschiedlicher Weise vor anderen Menschen sprechen und durch das positive Feedback meiner Teilnehmer und Kunden erhalte ich auch von Außen noch einmal die entsprechende Bestätigung.

Nach tausenden von Seminartagen, Meetings, Verkaufsgesprächen, Impulsveranstaltungen oder Kongressen, ist es mir gelungen eine Vielzahl funktionierender „Wirkungsbrücken" und Verhaltensmuster kennen zu lernen und miteinander zu verknüpfen, so dass eine gewünschte Wirkung bei Zuhörer und Teilnehmer entsteht, die deutlich über dem Mittelmaß liegt.

Es geht in diesem Buch nicht nur darum, professionelle Speaker / Vortragsredner auszubilden oder weiter zu entwickeln, sondern jeden zu erreichen, der Gespräche mit Einzelpersonen, vor Gruppen, im Meeting führt oder auf Veranstaltungen spricht und dabei Menschen besser und nachhaltiger erreichen möchte.

Dabei habe ich als langjähriger NLP – Lehrtrainer auch immer die neuronalen Verarbeitungsprozesse von Menschen im Focus, denn es gilt auch „gehirngerecht" und „typengerecht" zu präsentieren, damit unsere Gegenüber auch eine Chance hat, die Botschaft zu verstehen und der Anfang besteht dabei im Beziehungsmanagement und den Verarbeitungs- und Verhaltensprozessen der Person oder des Publikums.

Das bedeutet, individuelle Motivationsfaktoren, Verarbeitungsmuster, Bereiche des „Beziehungsmanagements" und Faktoren, psychologischer Prozesse und Erkenntnisse, so dass beide Gehirnhälften miteinander verknüpft werden, Wiederstände abgebaut werden, so einzusetzen, dass ein optimaler Verarbeitungs- und Verständnisprozess angeregt wird.

Das Gute daran ist, dass diese Wirkungsfaktoren in Präsenz und auch Online die gewünschte Wirkung zeigen!

Das allerdings ist das Resultat der Erfahrung, jahrelanger persönlicher Weiterentwicklung und stetigem lernen von den Besten (Modellieren von Experten) und eine Fülle von Erfahrungen, um dann selbst zum Experten zu werden.

Wenn auch Du Dich entsprechend entwickeln möchtest, dann erwarten Dich hier eine Summe von Möglichkeiten, die Deinen künftigen Präsentationen vor einer Person, einer Gruppe oder einer Vielzahl von Menschen einen deutlichen Sprung über das Mittelmaß erreichen lässt.

„Alles auf einmal geht nicht!" und daher meine persönliche Empfehlung an Dich, dass Du die Inhalte Stück für Stück integrierst, so dass die erfolgreiche Umsetzung und die Integration der Möglichkeiten auch gut bearbeitbar ist.

In diesen 9 Kapiteln mit entsprechenden Unterprunkten geht es um die Beziehung zu Gesprächspartnern, Gruppen, Team und auch auf größeren Veranstaltungen und diese Beziehung wird im NLP Rapport genannt. Wenn Rapport besteht, dann ist die Wirkung und Nachhaltigkeit und das Annehmen der vermittelten Inhalte deutlich besser, als wenn Du auf diese Inhalte verzichtest.

Wenn Du am Ende noch Fragen hast oder Unterstützung in der Umsetzung als Bedarf für Dich oder Mitarbeiter in Deinem Unternehmen erkannt hast, dann komme gerne auf mich zu.

Meine Kontaktdaten findest Du am Ende des Buches und ich freue mich auf Dein Feedback.

Viel Spaß damit und mit den Ergebnissen, Dein Stefan

„Du wirkst immer, egal wie, denn Deine Wirkung erzeugt auch Emotion

Emotion erzeugt eine Reaktion!"

(Stefan Heller)

1 Haltung / Einstellung / Mind Set und Motivation / State Management

„Begeisterung ist nicht alles, aber ohne Begeisterung ist alles NICHTS!"

1.01 Haltung / Einstellung

Der wesentliche Bestandteil für Deine erfolgreiche Präsentation findet in Deinem Kopf statt und bezieht sich auf Haltung, Einstellung, Motivation und Mind Set und zwar zu Dir selbst als Person, zu den Teilnehmern, dem Rahmen und zu den vermittelten Inhalten.

Sorge durch „State – Management" auch dafür, dass es Dir gut geht nach dem Motto „erst Ich" (gesunder Egoismus), dann die Gruppe oder das Individuum!" Denke dabei gerne daran, was Flugbegleiter sagen, wenn es zu einem Druckabfall in der Kabine kommt: *Setzen Sie zuerst sich die Maske auf und helfen sie erst dann ihrem Sitznachbarn!"*, denn das Ergebnis hängt unmittelbar mit Deinem Zustand als Präsentator zusammen! Das mag zwar auf den ersten Blick etwas egoistisch und wiedersprüchlich klingen, jedoch nur wenn es Dir gut geht, dann kannst Du auch für andere sorgen und sie an Deiner Energie teilhaben lassen.

Bereite Dich daher entsprechend vor, denn wer in der Vorbereitung scheitert, der bereitet damit das Scheitern vor!

Ich empfehle Dir auch frühzeitig vor Ort zu sein, damit Du Dich vorbereiten und gegebenenfalls noch nachregulieren kannst, um dann entsprechend sicher zu starten. Achte dabei auch auf Deine Körpersprache, so dass Aussage, Tonalität und Gestik / Mimik usw. aufeinander abgestimmt sind und daher alle Wirkungsfaktoren „aus einem Guss" kommen und vielleicht hast

Du auch schon einmal die Aussage „walk your talk" gehört, die genau dem entspricht.

Sorge auch dafür, dass Du Dich im Raum (auch im virtuellen) wohlfühlst und schaffe Dir Energiequellen und psitive Associationen, um im entsprechend guten Zusaand zu sein. Sieh Dich nach positiven und sympatischen Teilnehmern um, schaffe Dir „Verbündete" zum Beispiel in einem Meeting oder dem jeweiligen Umfeld und greife auf vorhandene Ressourcen und Kenntnisse anwesender zu. Das wird Dich stärken!

Um was geht es Deinen Zuhörern? Aus welchem Grund sollen sie ausgerechnet Dir zuhören und aufmerksamkeit schenken?

Sei Dir dabei bewusst, dass es weniger um Dich geht, sondern den Mehrwert, den Dein Publikum aus Deiner Präsentation erhält.

1.02 Mind Set, Sinne und „Kopfkino"

Hierzu gehören die Wirkungsfaktoren: „Was Du Dir vorstellst und wie Du es Dir vorstellst, genau so wie Was Du Dir sagst und wie Du es zu Dir sagst!"

Sind Deine inneren Vorstellungen positiv und sind Deine inneren Dialoge unterstützend oder eher destruktiv und demotivierend? Die Realtität ist, dass das, was Du in Deinem Fokus hast durch die entsprechende Aufmerksamkeit verstärkt wird und die Energie folgtr der Aufmerksamkeit!

Mache Dir dabei bewusst, dass Du der Regisseur Deiner inneren Dialoge und Vorstellung bist und die Verantwortung für die Qualität Deiner inneren Filme übernehmen kannst.
Die Macht der Vorstellung wird durch die Arbeit mit Modalitäten und Submodalitäten (unsere Sinne und die entsprechende Feineinstellung) beeinflusst.

Vielleicht kennst Du noch die Methode: *Stelle Dir Dein Publikum in Unterwäsche vor!"*, so dass durch die Veränderung der Wahrnehmung / Perspektive auch die Bewewrtung und Bedeutung verändert wird und die Situation / Person entmachtet wird und Du dadurch eine positivere Emotion entwickelst.

Beispiel „Swish – Technik:

Hierbei wird ein Bild, das Dich dazu bringt Dich schlecht zu fühlen, durch ein positives Bild (Ressource - Bild) überlagert, indem die positiven Parameter gleichzeitig über das negative Bild projiziert werden. Diese Projektion wird mehrmals hintereinander in hoher Geschwindigkeit durchgeführt.

Es stellt eine geistige Anstrengung dar dieses Muster durchzuführen, aber wenn Du es einmal gemacht hast, ist Dein Gehirn schon programmiert. Wenn Du wieder zu dem negativen Bild zurückkehrst gibt es eine Kraft, die Dich wieder in die andere Richtung zieht. Aus diesem Grund ist es auch extrem wichtig, dies in einer hohen Geschwindigkeit durchzuführen.

Das alte Gefühl fängt mit dem ersten (negativen) Bild an und wird, während das Bild verblasst, immer schwächer, während das Ressource - Bild und die damit verbundenen positiven Gefühle immer stärker werden, bis das negative Bild und die damit verbundenen negativen Gefühle letztlich vollends verschwinden.

Die gleichzeitige Verwendung der analogen Unterscheidungen Größe, Helligkeit und Entfernung, verbunden mit der digitalen Unterscheidung assoziiert/dissoziiert, bewirken eine neue, stabile Konfiguration.

Wenn also ein Ereignis in altes Gefühl stimuliert, übernimmt das neue Muster die Leitung und „Swish", fühlt sich die Person anders und kann in einer anderen Art und Weise reagieren. Voraussetzung dafür ist, dass die Person selbst erkennt, dass sie gerade geneigt ist aus einem alten Muster heraus zu handeln.

Kritisch bei der Verwendung des Swish-Musters ist der Übergang zu den Gefühlen des Ressource-Zustandes. Im Standardmodell wird Helligkeit dazu genutzt, das unerwünschte (assoziierte) Gefühl des Ausgangsbildes abzuschwächen, indem man dieses dunkler macht. Gleichzeitig wird das dissoziierte Bild heller gemacht, wodurch sich die positiven Gefühle intensivieren. Hierbei können Probleme auftreten, wenn die Person eine Situation mit dem negativen Bild verbindet, welche sich in der Dunkelheit ereignet hat. Wird dieses Bild weiterhin verdunkelt verstärkt sich auch das negative assoziierte Gefühl. Hierbei kommt eine weitere analoge Submodalität, die Entfernung, zum Tragen. Das negative, assoziierte Bild, wird in die Ferne verschoben wobei das positive Bild gleichzeitig in den Nahbereich geholt wird. Das Bild wird solange näher geholt, bis der Rahmen in Gänze ausgefüllt und das negative Bild vollends verschwunden ist.

Beispiel: Visuell- kinästhetische Dissoziation

Ziel dieser Technik ist es, sich von einer Situation in der man sich unwohl gefühlt hat und die einem immer wieder begegnet zu distanzieren umso andere Reaktionsmöglichkeiten für die Zukunft zu schaffen. Grundidee hinter dieser Technik ist, dass alles Verhalten das Resultat erlernter Reaktionen ist. Die Reaktion auf einen bestimmten Reiz kann automatisch sein, aber als erlernte Reaktion können Sie etwas anderes erlernen. Wenn also Verhalten das Resultat einer erlernten Reaktion ist, setzt eine Veränderung voraus, dass etwas anderes an seiner Stelle gelernt wird. Einfach etwas Neues zu lernen ist nicht ausreichend. Wenn das neue erlernte eine Veränderung bewirken können soll muss es denselben Mechanismen folgen, wie das alte Verhaltensmuster.

Beispiel:

- Nimm eine Erinnerung, die wiederkehrt und bei der Du Dich schlecht fühlst
- Stell sicher, dass Du Dich mit Deiner Erinnerung schlecht fühlst und lass sie bis zum Ende durchlaufen
- Wenn die Erinnerung, die das schlechte Gefühl in Dir hervorgerufen hat beendet ist, lass sie rückwärts laufen

- Nimm Dir ein paar Minuten Zeit um das Erlebnis rückwärts abzuspulen
- Prüfe nach, ob Du immer noch so in Bezug auf das Erlebnis fühlst, wie vorher

Die Reihenfolge eines Erlebnisses umzudrehen ist eine Möglichkeit, die Auswirkung einer bestimmten Situation bzw. die Erinnerung daran zu verändern.

1.03 Die Sprache der Sinne

Durch das Wissen, dass Menschen in ihren Sinnes- und Verarbeitungskanälen unterschiedlich aufgestellt sind, kann ich auch die „Sprache der Sinne" ganz gezielt in meiner Präsentation einsetzen.

Die Feineinstellung auf die Signale meines Gegenübers oder innerhalb einer kleinen Gruppe, kann ich auch auf die sinnlichen Verarbeitungs- und Repräsentationsmuster ausdehnen. Spricht mein Gesprächspartner eher auf den visuellen Kanal oder auf andere an?

Dies kann ich z. B. anhand der Aussagen erkennen;

V – sehen: Beispiel – „Das *sieht* gut aus!"

A – hören: Beispiel – „Das *klingt* gut!"

K – fühlen: Beispiel – „Das *fühlt* sich einfach an!"

O – riechen: Beispiel – „Das *riecht* nach Erfolg!"

G – schmecken: Beispiel – „Das s*chmeckt* nach mehr!"

Gelingt es Dir, die entsprechenden Worte zu identifizieren und zuzuordnen, dann kannst Du ähnliche Aussagen verwenden, um auch damit weiter Rapport aufzubauen.

1.04 Motivation

In meinen NLP Master Ausbildungen geht es auch um das Thema „Meta – Programme" und das sind unterschiedliche menschliche Verhaltens- und Entscheidungsmuster. Eines dieser Muster / Programme ist die „Hin – zu / weg von Motivation".

Was genau bedeutet das? Menschen wollen im Kern etwas vermeiden (weg von) der etwas erreichen (hin zu) und das bringt sie in Bewegung und Aktivität, jedoch wissen wir oft vorab nicht, welchen Typ wir vor uns haben und daher können wir in unserer Präsentation entsprechend benennen, was der Zuhörer vermeiden (weg von) oder erreichen (hin zu) kann und das entsprechend ausmalen.

Dadurch wird der entsprechende „Beweg – Grund" im whrsten Sinne des Wortes angesprochen und aktiviert! Denke dabei gerne einmal an Deine Beweggründe!

Hierzu ein paar Wortbeispiele, die Du verwenden kannst: minimiert, verhindert, vermeidet, maximiert, bedeutet, fördert, bringt, daraus ergibt sich, entwickelt sich…usw.

Dabei kannst Du auch gerne hin zu – weg von miteinander verknüpfen: Du *vermeidest* dadurch und daraus *ergibt* sich….!

Hin und wieder gibt es die besondere Situation, dass der Beweggrund noch nicht groß genug zur Aktivierung ist und dann kannst Du eine Dynamik mit den „Dickens Pattern" hinein bringen.

Dieses Sprachmodell leiten wir im NLP von der Dickens Weihnachtsgeschichte ab und hierbei wird bewusst die „Weg von" Motivation des Gesprächspartners unterstützt, wenn ein Hin zu einer Veränderung noch zu zögerlich ausfällt. Dabei wird sichtbar gemacht, was es unseren Kunden oder das

Unternehmen kostet (jetzt, mittel und langfristig), wenn keine Veränderung passiert. Das Bewusstsein von Verlust oder Schmerz wird so groß (Salz in die Wunde), dass es zu Aktivität und Entwicklungsmotivation kommt. Jetzt wird Veränderung möglich!

Beispiel:

- Was passiert, wenn sie weiterhin zögern?
- Was kostet es sie in einem Jahr / 5 Jahren / 10 Jahren?

Diese Strategie lässt sich sehr gut in vielen Präsentationen einbauen. Denke nur einmal daran, wie es ist, wenn Du einer Staubsauger – Präsentation beiwohnst und das Kopfkissen abgesaugt wird und hinterher unter dem Mikroskop so allerlei sichtbar wird, mit dem Du nicht das Kissen teilen möchtest!

Menschen werden aktiv, wenn sie einen guten Grund für sich erkennen!

Wirksame Kernfragen (siehe auch Kapitel Fragetechnik) zur Vorbereitung:

Beispiele zu Kernfragen sind auch hier:

Was willst Du und was hast du davon?
Wer sind die Teilnehmer und wie können sie am besten verarbeiten?
Auf welchem Weg hole ich die Teilnehmer ab und baue Beziehung auf?
Was wollen die oder der Teilnehmer und was haben diese davon?
Welcher Inhalt soll transportiert werden?
Wie kannst Du den Inhalt so vermitteln, dass es für den Zuhörer zum Erlebnis wird?

Extra-Tipp 1:

Wenn Du noch eine gewisse Nervosität verspürst und das ist menschlich normal, dann empfehle ich Dir durchaus auch mentales Training. Das bedeutet, dass Du Dich gedanklich in Stimmung bringen kannst, in dem Du Dich bewusst in die gewünschte Stimmung hineinsteigerst. Wie machst Du das? Denke an eine Situation, in der du genau in der Emotion warst, die Dich jetzt unterstützt. Das darf ruhig eine andere Situation sein als die, in die Du Dich jetzt gerade begibst, denn es kommt auf die Emotion an! Wenn Du jetzt die Vorstellung hast, dann vergrößere das Bild, was du hörst und was du fühlst! Du steigerst Dich hinein. Oft hilft auch noch eine musikalische Unterstützung, natürlich immer nach dem, was Du benötigst z.b. Entspannung oder Power und Energie!

Extra – Tipp 2:

Die besondere Situation, dass Du einmal spontan einen Vortrag wie zum Beispiel in einem Meeting halten sollst, kann durchaus auch einmal vorkommen und vielleicht kennst Du sogar eine Situation, in der es Dir so ergangen ist.

Das entstehende Gefühl ist dabei oft nicht das Beste und es kann passieren, dass Deine Verunsicherung sich auch nach außen spiegelt.

Jetzt geht es darum, professionell zu wirken, denn der Focus der anderen Beteiligten liegt jetzt auf Dir! Schneller „Aktionismus" ist jetzt fehl am Platz, daher atme in Ruhe durch, verschaffe Dir etwas Zeit und sortiere Deine Gedanken, so dass Du eine kurze Struktur entwickelst, die Du dann auch benennst. Dann beginnst Du Deine Struktur mit Inhalt zu füllen und diese dient Dir und deinen Zuhörern als roter Faden, an dem eine Orientierung für alle möglich ist. Das wirkt souverän und professionell mit dem Mehrwert für Dich, dass Du Sicherheit gewinnst.

Beispiele dafür findet Du im Buch unter „Dramaturgie und Aufbau!"

Extra Tipp 3:

Zusammenfassung und Kurzanalyse für Vorbereitung und Rahmenbedingungen:

- Wann findet die Vortragssituation statt?
- Wo findet sie statt?
- Was ist der Grund meiner Rede / des Meetings?
- Wozu rede ich? Was ist das Ziel?
- Worüber rede ich? Was ist das Thema?
- Wer Redet? Was ist meine Rolle?
- Mit wem rede ich? Wer sind meine Zuhörer / Zielgruppe?
- Was sind wesentliche Teilaspekte?
- Welche Ausdrucksmittel verwende ich?
- Was ist meine starke Schlussbotschaft mit Appell?
- Versteht mein Zuhörer meine Wortwahl („Fachidiot schlägt Kunde tot!")?

Inhalt:

Was willst Du während der Präsentation oder im Gespräch und Austausch vermitteln? Was ist Dein „Minimum" Inhalt und was Dein „Maximum"? Welche Puffer – Inhalte hast Du und welche kannst Du gegebenenfalls weglassen? Welche Kontrollfunktion nutzt Du, damit Du den Zeitrahmen im Griff hast?

Wie ist die Menge Deines Inhaltes angedacht?

Weniger ist mehr! – Das hast du sicher bereits einmal gehört, jedoch was genau ist damit gemeint?

Es geht nicht darum, dass Du eine „Pressbetankung" vornimmst und die Zuhörer mit Informationsreizen komplett überfrachtest, denn dann steigen die Zuhörer meist sowieso aus dem Inhalt aus. Es gibt ja auch die Erkenntnis, dass 7 Informationen + / - 2 das Maximum sind, was von Menschen am Stück verarbeitet werden kann. Danach beginnt die Überfrachtung!

Was sind daher die wesentlichen Informationen, die ankommen sollen und wie bietest Du sie an, so dass Nutzen erkannt und erreicht wird, die Konzentration hoch gehalten und

Unterhaltungswert geboten wird? Welchen Weg nutzt Du, um nachhaltig positiv nachhaltig in Erinnerung zu bleiben?

Welche „Wirkungsverstärker" setzt Du dafür ein?

Ziel:

Was willst Du mit der Person oder Gruppe erreichen (Dein persönliches Ziel)? Wie soll Deine Wirkung sein und was soll nach der Präsentation / dem Meeting oder Gespräch passieren? Welche Nachwirkung soll sich einstellen? Gibt es ein Minimum und Maximum Ziel?

Welches Ziel haben die Zuhörer oder Dein Auftraggeber und was ist deren Ziel nach der Präsentation?

Stelle Dir dabei auch die Frage: „Was passiert nach der Präsentation?"

Wie und in welchem Zustand sollen deine Zuhörer aus der Präsentation herausgehen?

Die Antworten, die du auf diese Fragen bekommst, helfen Dir bei Planung und der Ausrichtung Deines Vortrages!

Ort:

Welche Gegebenheiten findest Du vor Ort vor? Wie ist der Raum und die Sitzanordnung, ist es in Deinem oder einem fremden Büro, ist es Online oder in Präsenz?

Wie gestaltet sich das Podium / Präsentationsfläche und Möglichkeiten des Gruppenaustauschs? Sind Vorgesetzte im Training anwesend? Kannst Du frühzeitig für Deine Vorbereitung den Raum nutzen? Sind die entsprechenden Medien vor Ort oder sorgst Du dafür? Was im Raum kannst Du nutzen (Bild , Themperatur, Raumgröße usw.), um das erkennbare vor den Teilnehmern oder Gesprächspartnern anzusprechen (siehe Kapitel „Utilisieren")?

Der Grund, dass Du Dich mit diesen Fragen beschäftigst ist, dass es darum geht den Ramen zu erkennen oder zu schaffen, in der Deine Präsentation oder Gespräch stattfinden wird.

Du wirst erstaunt sein, wenn Dir bewusst wird, welchen wesentlichen Faktor der Rahmen und dadurch das Wohlbefinden Deiner Zuhörer auf das Ergebnis Deiner Präsentation hat. Erst wenn dieser gegeben ist, sind auch die Zuhörer offen und geneigt, Deine Informationen auch anzunehmen. Daher erst Ramen, dann Inhalt und diesen in verdaubarer annehmbarer Form!

Wenn Du das berücksichtigst, dann machst Du bereits jetzt einen enormen Unterschied zur üblichen Masse der Präsentatoren! Deine Wirkung und auch Dein Feedback ist entsprechend nachhaltig und positiv!

„Es geht nicht darum zu wissen,
was zu tun ist;

Es geht darum zu tun,
was Du weisst!"

(*Tony Robbins*)

2 Rapport, Wirkungsbrücken und Wirkungsverstärker

Als Wirkungsbrücke bezeichne ich jedes Element, das Du erfolgreich und zusätzlich nutzen kannst, um eine positive Verbindung (Brücke) zum Zuhörer herzustellen.

Das betrifft vor allem Deine Person selbst und die anderen Menschen im Raum. Dadurch erzeugst Du eine positive Stimmung, Emotion und Empathie mit Sympathie.

Wenn hier Beziehung / Rapport entsteht, dann werden auch die Verknüpfungen zu Deinen Inhalten möglich und Bereitschaft sowie auch Wissenstransfer und Lernerfolg entsteht!

Die nun folgenden Kapitel sind alle „Wirkungsbrücken" und die Summe der Eingesetzten Verbindungen sorgt für den Unterschied vom Durchschnittsredner zum Profi, der sich erfolgreich aus der Masse abhebt.

2.01 Wirkungsbrücke: Dramaturgie und Aufbau

Was ist überhaupt der wesentliche Punkt, der die Dramaturgie, den Aufbau und Struktur Deiner Präsentation so wichtigmacht und entscheidend dafür ist, wie Dein Vortrag bei den Zuhörern ankommt und bewertet wird?

Der Aufbau gibt Deinen Zuhörern Orientierung und das Gegenteil bedeutet Orientierungslos zu sein. Wenn sich die verlieren, dann verlierst Du die Aufmerksamkeit des Publikums und damit sie selbst. Deine Wirkung verpufft und das einzig Positive, was in Erinnerung bleibt ist, dass Dein Vortrag irgendwann zu Ende war und „überlebt" wurde. Ich habe solche Vorträge schon über mich erdulden müssen und Du hast auch möglicherweise schon solche Erfahrungen gemacht.

Die klare Struktur ist daher auch ein wesentlicher Bestandteil der Bewertung, die du von den Teilnehmern zu Dir und Deinem Vortrag erhältst! Das bedeutet auch, dass Dir bei positiver Wahrnehmung fast Automatisch die entsprechende Kompetenz unterstellt wird und die Bereitschaft entsteht, die Inhalte auch anzunehmen!

Daher mache bitte in Deinen Vorträgen einen Unterschied, denn es wird Dir ehrlich gedankt werden und Du bleibst in positiver Erinnerung! Das ist auch Wertschätzung für die Teilnehmer und die Zeit und Geld oder sogar beides, die sie in Deine Präsentation investiert haben.

Die Art von Dramaturgie und Aufbau hat einen unmittelbaren Einfluss auf die Wirkung Deiner Präsentation, denn sie sorgt für eine Struktur, der der Zuhörer folgen kann und dann auch will. Er geht richtig mit und ins Erleben durch die Entwicklung Deiner Präsentation und am Ende geht er mit Erkenntnis und einem Hoch im Gefühl aus Deiner Präsentation heraus.

Die nun folgenden Wirkungsbrücken sorgen genau dafür!

2.02 Wirkungsbrücke: Dramaturgie Kurve

Hierbei geht es jetzt um die Emotion und Begeisterung.

Viele Redner sind über den kompletten Verlauf ihrer Präsentation auf einer gleichbleibenden Emotionsebene und das transportieren sie auch auf den jeweiligen Zuhörer und schlimmer noch ist, dass die Begeisterung beim Zuhörer dadurch eher noch abflacht.

Manche Präsentatoren kommen auch noch so gelangweilt herüber, dass sich der Zuhörer die Frage stellt: „Was will der hier oder Was soll ich hier?"

Je länger eine Präsentation dauert, desto schwieriger ist es allerdings auch, ein „Allzeit – Hoch" Powervoll durchzuhalten und das geht dann auch zu Lasten der Dramaturgie.

Meine Empfehlung daher für Dich ist, mit Begeisterung zu starten, Motivation zu wecken, im Mittelteil dann in der Informationsvermittlung etwas ruhiger zu werden, um dann zum Abschluss wieder mit Begeisterung (Lösung / Ergebnis / Erfolge usw.) herauszugehen und genau das auch zum Zuhörer zu transportieren.

Beispiel Kurve:

2.03 Wirkungsbrücke: Präsentationsformat mit Wirkung

1. Zielrahmen (siehe auch Motivation)

Jeder Mensch entscheidet sich für eine Sache aus verschiedenen Gründen. Diese Gründe können von Mensch zu Mensch und von Situation zu Situation sehr unterschiedlich sein. Diese Gründe heißen **Entscheidungs-Motivatoren**.

Gerade im Verkauf, in Verhandlungen und auch im Bereich der Führungsaufgabe spielen sie eine große Rolle.

Sie teilen sich auf in fünf Bereiche:
Profit: Gewinnstreben, Spartrieb, Zeiteinsparung, ...
Sicherheit: Selbsterhaltung, Gesundheit, Sorgenfreiheit, ...
Komfort: Bequemlichkeit, Schönheitssinn, ...
Ansehen: Stolz, Prestige, Anlehnungsbedürfnis, „in" sein, ...
Freude: Vergnügen, Großzügigkeit, Sympathie, ...

Du kennst Deine Zuhörer? Dann bearbeite bitte folgende Frage:
Welche drei Motivatoren sind Deiner Meinung nach für die Präsentation die wichtigsten!

2.04 Wirkungsbrücke: Sinnvolle Aufteilung der Inhalte

Gute Trainings, Moderationen und Seminare werden so präsentiert, dass ein breites Publikum / Teilnehmergruppe gut abgeholt und weiterentwickelt werden kann. Hierzu ist eine motivierende und gut verarbeitbare Präsentationsstruktur notwendig.

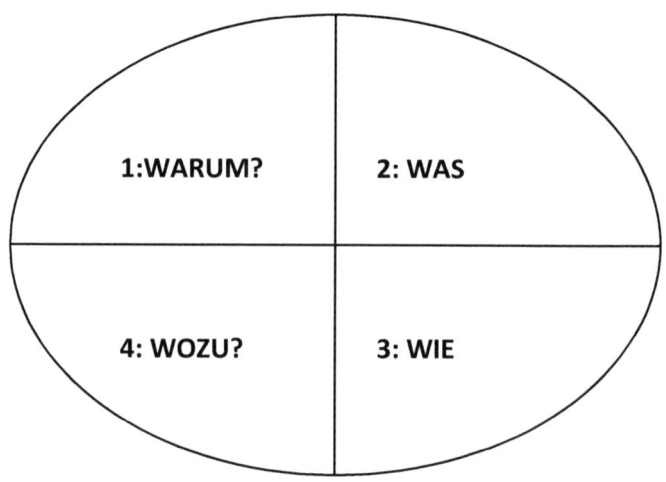

WARUM lerne ich das überhaupt? Grund / Erklärung

Inhalte: Zusammenfassung, Loops, Beziehung zur Gruppe, Eröffnung des Seminars, Motivation, Story-Telling, Fragen stellen usw.

WAS lerne ich? Information über die Bedeutung.

Inhalte: Klärung von Inhalten und deren Auswirkung usw.

WIE lerne ich? Die Übung selbst und die erlernten Fähigkeiten.

Inhalte: Informationen, Referenzen, Anleitung; Gruppenübungen; Coaching während der Übung usw.

WOZU lerne ich?/ Was kann ich damit anfangen? (Motivation)

Inhalte: Loops schließen, Praxis-Bezug für die Zukunft, Feedback

2.05 Weitere Struktur – Angebote

Einfache Gliederungen geben geschickt Orientierung wie Beispielsweise die Aufzählungen A / B / C oder erstens, zweitens, drittens!

Darüber hinaus Situationsgliederungen wie Ist – Zustand aktuell / wo wollen wir hin / wie gehen wir vor oder die Alternative Vergangenheit / Gegenwart / Zukunft.

Du siehst, dass es auch spontane und kurze Möglichkeiten gibt für Klarheit und Orientierung zu sorgen und Du wirst auch verstanden!

Ein weiteres Rhetorisches Mittel ist der „Fünfsatz" als Struktur!

Hier ein paar klassische Beispiele für Dich:

1. Anlass der Rede
2. Eigene Meinung zum Thema
3. Begründung der eigenen Meinung
4. Entkräftung der möglichen Einwände (Einwand – vorweg – Behandlung)
5. Aufforderung zum Handeln

oder

1. Warum spreche ich?
2. Was ist gerade?
3. Was müsste sein?
4. Wie lässt sich das erreichen?
5. Aufforderung zum Handeln?

oder

1. Ich meine.....
2. Wir müssen überlegen, ob nicht.....
3. Mir scheint der optimierte Weg entsteht, wenn.....
4. Dann erreichen wir.....
5. Wir können entscheiden, wie.....

2.06 Wirkungsbrücke: Rapport / Nonverbale Wirkung / Erstkontakt

Rapport bedeutet, dass sich eine tiefe Verbindung, Beziehung und Vertrauen aufbaut und dadurch die Chance für ein entsprechendes Verständnis mit- und füreinander entwickelt. Es geht dabei darum, den anderen da zu erreichen, wo er steht und da abzuholen. Eine klassische „win – win" Situation, denn beide Seiten verstehen sich besser und reden miteinander, anstatt aneinander vorbei!

Dein erster Auftritt und die Wahrnehmung, die Gesprächspartner / Publikum von Dir hat. Hier entscheidet sich in Bruchteilen von Sekunden über die klassische Bewertung, ob es jetzt für Dich leicht oder schwer bis hin zu unmöglich wird.

Wie bist Du gekleidet und passt das zu dem, was Du jetzt verkörperst? Ist das stimmig oder eher ein „Missmatch" und Du löst Abwehrverhalten aus.

Bist Du den Teilnehmern offen und mit einem Lächeln zugewandt oder stehst du gar mit dem Rücken zu den ankommenden Teilnehmern, weil Du gerade noch etwa eine Begrüßungsformel an das Flipchart schreibst.

Stehst Du „geerdet" sicher und nimmst erst einmal Blickkontakt mit allen Teilnehmern auf oder „zappelst" Du unstet herum und Deine Augen sind irgendwo!

Schaffe eine Verbindung durch lächeln mit Mund und Augen?

Wenn Du in einem Unternehmen eingeladen bist, dann haben die Teilnehmer ein „Heimspiel" und Du betrittst deren Territorium und das gilt es auch wertzuschätzen und zu berücksichtigen.

Damit legst Du den entscheidenden Grundstein für den weiteren Verlauf Deiner Präsentation und wie offen deine Zuhörer für Deinen nächsten Output sind.

Denke daran – „Empathie schafft Sympathie!"

2.07 Wirkungsbrücke: Begrüßung / Anfang von Reden und erste Worte, Stilmittel

Die Stimme

„Eine Stimme, die nicht stimmt – verstimmt"/ „Der Ton macht die Musik"/ „ Wie es in den Wald hineinruft – so schallt es heraus"

Diese recht bekannten Aussagen und auch spezifische Studien haben einen gemeinsamen Hintergrung – die Stimme und Tonalität hat eine Wirkung! Es geht dabei weniger darum, was Du sagst, sondern wie Du es sagst.
Die Frage ist, welche Wirkung willst Du an welcher Stelle Deiner Präsentation erzielen?

Stimme hängt mit *Stimmung"* zusammen und kann diese sehr wirkungsvoll beeinflussen und zwar negativ und positiv.

Negativ, wenn die Stimme durch Unsicherheit schwammig und schrill wird. Das bemerken Teilnehmer umgehend.

Positiv, wenn die Stimme klar, sicher und mit angemessener Lautstärke für eine gelungene und spannende Präsentation sorgt. Hierbei kann auch gerne die Dynamik bewusst wechseln, um Stimmung, Zustand und aufmerksamkeit zu erzeugen (gute „Unterhaltung). Das wird untersstützt durch die KAV-Technik (Karismatische-Pattern wie z.b. bei Reden von M. Luther King oder J.F. Kennedy mit unterschiedlicher Stimmdynamik).

Die Art und Weise Deiner Atmung hat ebenfalls eine Wirkung auf die Tonalität und wenn Du gestresst bist nimmst Du Dir die optimale Luftzufur zu Brust und Bauch. Es kommt zu tonalen Veränderungen!

Du kannst unterscheiden zwischen Kopfstimme (hell, überhöhte Stimmlage / obere Brustatmung),

Bruststimme (schont Deine Sprechorgane, mittlere Tonlage / Brustatmung) und Bauchstimme (beruhigend, tiefer / Bauchatmung).

Wirkung auf Dein Publikum erzielst Du durch variieren der Modulation, Lautstärke und Artikulation!

Beispiele:

- Wechsel der Lautstärke (Spannungsbogen)
- Wechsel der Sprechgeschwindigkeit
- Betonung in der „Melodie" bei Punkten / Satzende oder Fragen
- Wirkungspausen oder senken der Stimme (schafft Aufmerksamkeit und Spannung)

Vermeide dabei Silben und Endungen zu verschlucken oder unddeutlich zu werden!

2.08 Powersatz und Eröffnung (Opener)

Sehr wahrscheinlich hast Du schon einmal den Satz gehört: *„Es gibt keine zweite Chance für einen ersten Eindruck!"*

Das ist tatsächlich nicht immer so, jedoch trifft es auf den Einstieg für eine Präsentation egal ob große Bühne oder Meeting auf jeden Fall zu.

Wenn Dir das schon einmal begegnet ist, dass ein Redner schwach gestartet ist, dann weißt Du sicher, was ich meine. Gerade in Deutschland erleben wir es immer wieder, dass sich jemand ewig vorstellt und wie ach so toll er doch ist. Um was geht es allerdings tatsächlich?

Es geht um Deinen Gesprächspartner, Kunden, Mitarbeiter, die Gruppe oder das Publikum und was interessiert diese am meisten? Natürlich das, was sie davon haben und aus welchem Grund sie Dir ihre Aufmerksamkeit schenken sollen!

Das ist vergleichbar mit einem Film, der Dich zum Start langweilt und Du dann eher geneigt bist ab- oder umzuschalten.

Ganz ähnlich verhält es sich mit einem Buch oder Artikel, der Dich nicht vom Start weg abholt, keinen Spannungsbogen aufbaut und Du Dich quälst, bei der Sache zu bleiben und die Wahrscheinlichkeit ist hoch, dass Du das Buch ganz zur Seite legst.

Gerade bei einem Vortrag ist es auch so, dass es eine große Erwartungshaltung an den Sprecher gibt und wenn Du den Einstieg als perfekte Chance zum wachrütteln und Aufmerksamkeit erzeugen verpasst, dann hast Du den Startkredit der Zuhörer vermasselt!

Nutze daher den „ersten" Augenblick, um den Zuhörer mit einem starken Opener für Dich und Deine Inhalte zu gewinnen.

Was kann eine starke Eröffnung sein?

Stelle gerne einmal eine Frage, die das Publikum gleich zum nachdenken einlädt oder erzeuge ein Bild in ihrer Vorstellung!

Steige mit einer Geschichte, einem Beispiel oder einer Analogie (ein passender Vergleich zum Inhalt / siehe Milton) in den Vortrag ein. Das spricht die Vorstellungskraft der Zuhörer nachhaltig an und bleibt auch noch in Erinnerung. Es soll allerdings in jedem Fall einen Bezug zum Inhalt der Präsentation haben! Du kannst auch eine These oder eine Rhetorische Frage in den Raum stellen und dann beginnen

Auch das einbeziehen einer Übung oder eines Gegenstandes schafft Aufmerksamkeit, Bildhafte Vorstellung und Erleben in der Welt des Zuhörers.

Ich persönlich nutze und starte auch in meinen Trainings häufig mit einer Übung, die im Feedback in der integrierten Botschaft einen klaren Bezug zum Thema und zum Ziel hat.

Du erzeugst damit einen Effekt, der auch Emotionen auslöst und das bleibt in Erinnerung!

Wie heißt es auch so schön: „Ein Bild sagt mehr als tausend Worte!"

Ein „starker" Satz erzeugt Aufmerksamkeit und Wirkung! Es ist ein Statement, dem eine kurze Wirkungspause folgt, so dass dieser auch wirken kann!

„Haben die Amerikaner die von Nord nach Süd wollen mehr Rechte als die Amerikaner die von West nach Ost wollen?" (frei nach Lincoln während eines Plädoyers als Anwalt)

„1.000 Lieder in Ihrer Tasche!" (frei nach Steve Jobs bei einer Präsentation)

Wie lautet Dein individueller Wirkungssatz, für Deine Präsentation?

Dein Beispiel:

_____

_____

_____

_____

_____

_____

_____

2.09 Erste Inhalte / Sätze weitere Beispiele:

Denkanstoß – Technik:

Du eröffnest mit Fragen, wie bereits vorab im Buch erwähnt und regst dadurch zum nachdenken an. Diese Fragen beantwortest Du im Verlauf Deiner Rede. Wichtig dabei ist, dass Du keine dieser Fragen unbeantwortet oder unbehandelt lässt, da sonst

Dein Zuhörer den Raum ohne Antwort und mit Fragezeichen im Kopf verlässt. Ihm fehlt etwas und der Vortrag war für ihn nicht rund. Das bedeutet eher Frustration und negative Emotion. Daher Fragebogen aufmachen und wieder schließen. Das wird auch „Loop" genannt und es wirkt, wenn sich der Kreis schließt!

Vorspann – Technik:

Mit dieser persönlichen Einleitung sorgst Du für Vertrauen und erzeugst das Wohlwollen der Teilnehmer.

Hierfür nutzt Du beispielsweise:

- Persönliche Beispiele
- Kompliment (nicht überzogen)
- Humor und Zuhörer zum Lachen bringen
- Hinwendung zu Einzelnen
- Sich auf den momentanen Ort beziehen

2.10 Vorstellung

„Guten Tag, mein Name ist Dr. Müller-Meyer-Schmidt und ich bin der tollste Hecht im Teich, kann alles und weiß alles!" Ich habe diese und jene Erfahrung und Ausbildung und überhaupt zeige ich Ihnen jetzt wie es funktioniert…!

Toll, denn alles falsch gemacht! Unser „Torwächter" im Gehirn entscheidet sehr spontan, was er „durchlässt" und wem er die Tür öffnet oder schließt!

Die meisten begehen hier bereits diesen fatalen Fehler, in dem sie sich selbst darstellen, was allerdings den Zuhörer erst einmal gar nicht interessiert!

Das gilt es eher zu vermeiden, denn der Zuhörer / Teilnehmer fragt sich, was *er* davon hat und vom „zu texten" wird ihm eher schlecht!

Daher fängst Du am besten erst einmal mit einer der oben bereits genannten Einstiege an oder siehe unten (Utilisiere / Rapport) und stellst Dich dann vor und je nach Rahmen des Gesprächs oder der Veranstaltung noch den Zusatz, für was Du sorgst oder stehst (Pitch).

Daher die Reihenfolge kurz und prägnant:

- Optional und wenn vorhanden von anderen (Veranstalter / Moderator) ankündigen lassen
- Ankommen nonverbal, lächeln und Rahmen schaffen!
- Einstiegsfrage z.B. Sie fragen sich sicher….? / Ich frage mich gerade…? Oder eine allgemeine Bemerkung um Bezug zu etwas, was für alle wahrnehmbar ist.
- Die Beziehung ist aufgebaut und jetzt kann ich etwas zu mir und den Inhalten erzählen. Hier auch wieder „Gehirngerecht" mit ZDF – Technik (Zahlen-Daten-Fakten) für diese Menschentypen und etwas auch privates zu mir, um auch die Gefühlsmenschen abzuholen. Das bedeutet meine Geschichte zu erzählen, wie ich zu diesem Thema gekommen bin und gerne auch zum Familienstand und Hobby.

2.11 Teilnehmer- Zuhörer- Lern- und Verhaltens-Typen abholen

Durch die Erkenntnisse aus der Neuro Wissenschaft und Forschung, wissen wir, dass unsere beiden Gehirnhälften für unterschiedliche Bereiche zuständig sind. Darüber hinaus Menschen durchaus unterschiedlich über Ihre Sinne (sehen – hören – fühlen – riechen – schmecken) verarbeiten und filtern, unterschiedlich durch ihre individuelle Historie geprägt sind und dadurch auch unterschiedlich Bewerten. Hinzu kommt, dass wir es mit unterschiedlichen Verhaltenstypen zu tun haben, dadurch auch die Motivation eine andere sein kann und auch durch spezifisches ansprechen gewisse Hirnareale aktiviert werden.

Bereits Hippokrates fast vier Jahrhunderte vor Christi Geburt unserer Zeitrechnung beschäftigte sich mit den unterschiedlichen Menschentypen und der „Viersäftelehre" zwar im Bereich der Gesundheit, wird jedoch von vielen auch als Vorläufer zur Psychologie betrachtet. In der weiteren Entwicklung wurde erkannt, dass sich die vier Arten auch in der Art und Weise des Fühlens, Verhaltens, Denkmustern und des Handels zeigen. Dabei gibt es natürlich auch die entsprechenden „Mischtypen" und sicher haben wir alle gewisse Anteile in uns, jedoch in unterschiedlicher Gewichtung und Ausprägung.

Den vier Anteilen wurden die Bezeichnungen cholerisch (Beispiele: aktiv sein, handeln, temperametvoll und auch mal schnell wütend, will etwas (Vorteil) davon haben), phlegmatisch (Beispiele: nachdenklich, Zahlen – Daten – Fakten müssen passen, hart arbeitend, kompromissbereit,), sanguinisch (Beispiele: optimistisch, Spaßbereit, fröhlich, kontaktfreudig, aktiv und abwechslungsreich) und melancholisch (Beispiele: einfühlsam, hilfsbereit , sorgt sich um andere, Harmonie, Ökologie) mit den entsprechenden Mustern zugeordnet.

Wen Du es mit einzelnen zu tun hast, frage daher, was für denjenigen wichtig ist und worauf er Wert legt und ziehe daraus Deine Rückschlüsse und wenn Du es noch nicht klar erkennen kannst oder die Gruppe der Ansprechpartner zu groß wird, dann ist es wichtig, dass Du mit allen möglicherweise anwesenden Typen in positive Resonanz gehst und damit jeden erreichst, anstatt an einigen komplett vorbei zu kommunizieren und zu präsentieren. Das erreichst Du durch Deine entsprechende Wortwahl, die Art der Ansprache, das Setting und Umfeld, die inhaltliche Aufbereitung und Art des Vermittelns und weitere Möglichkeiten, die das entsprechenden Typen abholen und ansprechen. Beziehe diese Erkenntnis in Dein Gespräch und Präsentation mit ein, es lohnt sich!

Wichtig dabei ist, dass es hier nicht um eine Bewertung (gut – schlecht / richtig – falsch) geht, sondern eine Verwertung, dass es diese Typen gibt und wenn Du Dich damit beschäftigst, Deine Möglichkeiten, diese entsprechenden Typen auch zu erreichen, dramatisch verbessert wird. Aus dieser Erkenntnis sind dann auch viele Schulungs- und Trainingsmodelle (das Rad wird nicht immer neu erfunden, lediglich anders benannt und ggf. ergänzt) entstanden und dabei ist NLP entsprechend wirksam!

Klar wird Dir durch diese Erkenntnis auch, das sich Menschen dann am wohlsten fühlen, wenn sie in ihren individuellen Mustern angesprochen werden. Das lässt sie leichter Verarbeiten und persönlichen Nutzen erkennen. Er hat etwas davon, was Du ihm vermittelst!

Mittlerweile gibt es hierzu einige Typenmodelle wie Farbtypen, Biostruktur, NLP usw., die Dir helfen ganz individuell Dein Gegenüber zu erreichen. Je mehr Menschen Du Beispielsweise bei Trainings oder Vorträgen vor Dir hast, desto größer natürlich die Herausforderung, alle zu erreichen. Das ist allerdings immens wichtig, denn du hast gerade Dein Zielpublikum vor Dir, das am Ende über Erfolg oder Misserfolg der Veranstaltung entscheidet und Dich als Person und Redner bewertet.

Das kann sich entscheidend auf Deine Zukunft und Lebensqualität auswirken!

Daher hier einige weitere für Dich hilfreiche Beispiele:

Der Analytiker und Zahlen / Daten – Typ:

Gib ihm Informationen die Belegbar sind wie Analysen, Berechnungen und Gegenüberstellungen und auch die Information, wo er etwas nachlesen kann (z. B. auch Handout).

Sein Motto: „Sind die Zahlen stimmig und ansprechend?"

Der der Have-Fun-Party und Spaß haben Typ steht für Aktivität, Gruppendynamik:

Diesen holst Du mit eingebauten Lachern und Begeisterung ab und für diesen ist mehr die Stimmung als der pure Inhalt wichtig. Sein Motto: „Wie viel Aktivität, Begeisterung und Spaß bringt das?"

Der Ziel und Ergebnisorientierte Typ:

Der will von Dir erfahren, was es ihm bringt. Wo ist der Mehrwert, sein Nutzen oder der des Unternehmens oder auch der Profit. Sein Motto: „Was habe ich davon?"

Der Wohl fühl- und Emotionstyp:

Er will ein gutes Gefühl haben und fragt sich, wie er damit einen Beitrag für andere, die Gesellschaft usw. leisten kann. Sein Motto: „Wie ist z. B. der soziale und gemeinschaftliche Beitrag und was kann ich dafür tun?"

Wenn es Dir gelingt, für jeden etwas in Deinen Vortrag einzubauen, dann holst Du auch alle individuellen und auch Mischtypen ab, da ja viele auch mehrere Anteile in sich tragen.

Wenn Du schon weist, dass Du vordergründig mit einem bestimmten Typus zu tun hast, dann erhöhe den Anteil entsprechend in Deiner Präsentation.

Lerntypen aus dem NLP sind Visuell (sehen), Auditiv (hören) und Kinästhetisch (fühlen / begreifen). Das bedeutet, dass Du den Menschen in Deiner Präsentation etwas Bildhaftes beschreibst, Informationen aufs Ohr lieferst und die Teilnehmer ins Gefühl durch das erleben und die entstehende Emotion führst.

Die Wirkung ist phänomenal!

2.12 Wirkungsbrücke: Bühne und Präsentationspunkte

Was sind Präsentationspunkte und wie wichtig sind diese für die Vorgehensweise:

Im Mittelpunkt für Präsentator und Teilnehmer steht die Wirkung und das Ergebnis der Präsentation oder des Trainings.

Ein entscheidender Faktor ist der „Auftritt" des Sprechers und hierbei geht es um das „Wie" und nicht so sehr um das „Was" der Präsentation.

Unterscheidungen:

Die Bühne ist die Gesamtplattform und diese kann auch genutzt werden. Zu beachten sind dabei, wo und wie ich die Medien anordne und wie ich meine persönliche Fläche nutzen werde (genügend „Auslauf"). Die Bühne kann riesig und auch klein ausfallen oder im Sitzen stattfinden und auch eine Mischung sein. Es geht immer um den jeweiligen und individuellen Rahmen der Präsentation

Der Präsentationspunkt ist der primäre Platz, von dem aus der Sprecher stabil präsentiert, die Teilnehmer im Auge hat und seine Wirkung auf die Teilnehmer erzielt. Ich nutze gerne die Gelegenheit, vorab im entsprechenden Raum zu sein und mir meinen Platz anzuschauen und bereits positiv energetisch in meiner Vorstellung aufzuladen.

Der Feedbackpunkt ist der Standort, von dem aus ich Feedback einhole und würdige. Hier ist ein Standortwechsel zu empfehlen, um sich gegebenenfalls den starken Präsentationspunkt *nicht* zu versauen oder abzuschwächen.

Der Pro / Contra Platz ist der Punkt jeweils neben dem Präsentationsplatz, um hier sichtbar für die Teilnehmer die Verschiedenheit zweier Möglichkeiten darzustellen (auch durch Gestik möglich).

Die Lauffläche ist die Linie, die ich abgehen kann (z. B. Darstellung von Vergangenheit und Zukunft), um z.b. Vortschritte parallel zu meiner Aussage sichtbar zu machen.

Nutzen und Vorteile:

Die klare optische Unterstützung der gesagten Inhalte des Trainers werden durch seinen physischen Auftritt betohnt und unterstützten dadurch die Verarbeitung und den Lernprozess der Teilnehmer nachhaltig.

2.13 Wirkungsbrücke: Gestik (negatives weg / analoges Markieren)

Gezielte Gestik unterstützen gesagtes oder unterstreichen Botschaften! Je größer die Gruppe der Teilnehmer, desto größer kann auch die Gestik werden.

Erstarrte Handgestik unterstreicht die Kompetenz des Trainers und fördert die Aufmerksamkeit. Das bedeutet, dass Deine Hand durchaus einmal in der Luft stehen bleiben kann, um gesagtes zu unterstützen und die Wirkung zu erhöhen.

Zuweisende Attribute erzeugen Wirkung auf einzelne Teilnehmer und unterstreichen gesagtes!

Das bedeutet, wenn Du eine Gestik parallel zu Aussage auf eine Bestimmte Person machst z.B. „Ein sehr erfolgreicher Mitarbeiter!", dann erhöht sich die Wirkung dramatisch!

Achte dabei allerdings darauf, dass das auch für negatives funktioniert und vermeide, dass Du aus versehen jemanden mit etwas negativem belegst. Dann ist es besser die Geste in eine neutrale Richtung (gegen die Wand oder in Richtung Fenster) ausrichtest!

Abblockende Gestik (flache Hand in Richtung des Störenden) kann eingesetzt werden, um Fragen zurückzustellen und für Ruhe zu sorgen.

Öffnende Gestik (Arme auseinander je nach Gruppengröße) zeigt, dass Du offen zum Thema und der Zuhörer bist und das ganze noch unterstützt mit einem herzlichen Lächeln, sorgt für entsprechendes Vertrauen und ebenso offenheit bei den Gesprächspartnern und Zuhörern.

Das gelingt auch vor dem Bildschirm Online und Du bewirkst einen immensen Unterschied in der Wahrnehmung Deiner Gegenüber, da diese Möglichkeiten von den meisten komplett vernachlässigt wird. Hier bewirkst Du einen entscheidenden Unterschied. Das kannst Du als Beispiel auf dem Bild gut erkennen!

Gestik nach außen (bei negativen Informationen und Botschaften) bewirken, dass etwas negatives nicht mit Dir als Überbringer in Verbindung gebracht wird, sondern Du machst die Gestik weder in Richtung Deiner Gegenüber, noch auf Dich sondern zur Seite!
Beispiel: „Die Regierung hat beschlossen ...!" oder „Die Presse berichtet ...!" usw.

2.14 Wirkungsbrücke: Kongruenz

Es gibt fast nichts Schlimmeres als Inkongruentes Verhalten während einer Präsentation. Das ist so, weil der Teilnehmer ein Gespür dafür hat und sofort bemerkt, dass da etwas nicht stimmt. Manchmal kann der Teilnehmer das noch nicht einmal genau sagen, woher das kommt, jedoch sein „Bauchgefühl" sagt es ihm.

Woran liegt das?

Stell Dir einmal vor, jemand spricht von Spaß und Begeisterung und er lächelt noch nicht einmal oder erzählt von erfolgreichen Abschlüssen, stellt jedoch in seiner Außenwirkung und Körpersprache eher das Gegenteil dar. Jemand spricht von dynamischen Verhalten und bewegt sich selbst, als wäre er auf dem Weg zu seiner Hinrichtung.

Die Stimme passt nicht mit der Botschaft und die Aussage nicht mit der Körpersprache zusammen!

Auch wenn Du auf der Bühne als der „tollste Verkäufer unter den anderen Tollen" reversierst und etwas über Beziehungsmanagement zu Deinen Kunden erzählst und nach dem Vortrag bist Du eher unnahbar und wirkst eher „aufgesetzt!"

Das passt nicht und Menschen merken das! Damit verspielst Du deine Chance auf eine positive Wirkung und das hat auch eine Auswirkung auf künftige Treffen oder Veranstaltungen. Du möchtest ja, dass Du eine entsprechende Resonanz bei Deinem Gesprächspartner oder Mitarbeitern erzeugst und wie diese im Nachgang über das Treffen berichten und welche Meinung darüber (auch Feedback und Rezensionen) weitergegeben wird. Je nach Kontext können auch genauso gut weitere Folgeaufträge und Einladungen davon abhängig sein.

2.15 Wirkungsbrücke: Verbindung halten

Wichtig für Deine Wirkung ist, dass Du eine Verbindung zu Deinen Zuschauern / Hörern aufbaust und diese auch nicht abreißt. Wie gelingt Dir das?

Zum Aufbau der Beziehung haben wir schon im Buch Bezug genommen und diesen kannst du halten, indem der Blickkontakt immer wieder gesucht wird.

Darüber hinaus ist verbindende Gestik sehr wirksam, denn vor großen Gruppen machst Du die Geste größer oder deutest mit eine bestimmten Aussage in eine Richtung und verknüpfst dadurch die Bindung zu Dir und Teilnehmer.

Verbindende Worte wie „wir, gemeinsam, alle, in unserer Runde, das Erfolgsteam, wir als… und viele weitere erfüllen den Zweck sehr erfolgreich.

2.16 Wirkungsbrücke: Kommunikation / Rhetorik

Nutzen Argumentationen:

„Präsentieren ist ein logischer und ein psychologischer Prozess!"

Hinter jeder Motivation für unsere Zuhörer steht eine „Hin – zu" (etwas erreichen wollen) oder eine „Weg – von" (etwas vermeiden wollen) Motivation.

Daher erzielen wir in der Präsentation und Gesprächen eine maximale Wirkung, wenn wir dem Zuhörer ein Bewusstsein dafür schaffen, welchen Vorteil, Nutzen oder Mehrwert der Inhalt unserer Botschaft hat. Gut argumentieren können wir, wenn wir etwas haben, was den Zuhörer interessiert, ihn anspricht und was es spannend für ihn macht.

Stark, wirkungsvoll und auch psychologisch richtig argumentieren wir jedoch nur, wenn wir nicht nur die Eigenschaft, die Vorteile, die Beschaffenheit oder die Lösung nennen, sondern auch konkret formulieren, was es für unseren Gesprächspartner für einen Nutzen hat.

Du führst ihn von der logischen Seite auf die emotionale Seite, wo Du viel stärker auf den anderen einwirken kannst. Du baust ihm sozusagen eine gedankliche ausformulierte **Brücke** zwischen **Merkmal** und **Nutzen**.

Beispiel:

„Lieber Herr X, so wie ich Sie verstanden habe, war der Punkt XY für Sie von großer Bedeutung. Wir lösen das folgendermaßen ....(Lösung)...., das bedeutet für Sie, Sie haben zukünftig....!"

oder „....das bringt Ihnen auf die nächsten Jahre....!"

oder „....das spart Ihnen in der nächsten Zeit....!"

oder „...das hilft Ihnen bei...!"

oder „...daraus folgt....!"

oder „...dadurch ergibt sich...."

Baue Deinem Gesprächspartner eine verbale Brücke vom Merkmal zum Nutzen und führe ihn gedanklich drüber. Er wird es Dir danken.

„Überlasse nicht dem Zufall was Dein Zuhörer / Publikum denkt!"

2.17 Weitere Überzeugungshilfen zur Argumentation

Unterstützung für Deine Argumentation kannst Du auch mit Fakten durch anerkannte Studien oder Forschungsergebnissen heranführen. Diese allgemein anerkannten Ergebnisse vermitteln zusätzlich Deine Glaubwürdigkeit als Spezialist und kompetenter Vermittler der Inhalte.
Darüber hinaus kann ich die Meinung anerkannter Experten und Spezialisten zum Thema oder Beispiele von erfolgreichen Menschen zitieren, die als Person ein entsprechendes Ansehen genießen.
Es muss natürlich passen, denn sonst steht Deine „Beweisführung" auf wackeligen Beinen!

2.18 Spannungsbogen und Stimmung

Nichts ist schlimmer, als eine monotone und einschläfernde Rede und Vortrag und natürlich stellt sich die Frage, wie kann das vermieden werden, gerade, wenn die Präsentation etwas länger dauert!

Ein sehr gutes Mittel ist das aktivieren der Teilnehmer mit der Aufforderung durch Fragen und Abstimmungen mit dem erzeugen des Handhebens. Dabei ist auch wichtig, dass Du dabei selbst die Hand hebst und optisch vorlebst, was jetzt zu tun ist. Ganz nebenbei verknüpfst Du dabei auch beide Gehirnhälften der Zuhörer und dadurch die Möglichkeit zu lernen und zu speichern.

Beispiele hierfür suchst Du passend zum jeweiligen Inhalt und Kontext! Ich habe hierzu schon einmal die Frage gestellt: „Wer hat Kinder?" Damit holst Du schon einen Teil ab! Nächste Frage: „Wer war mal Kind?" damit holst Du alle ab und gegebenenfalls noch einen Lacher mit der Frage „Wer ist es noch?" Dabei wie gesagt auch immer selbst die Hand heben!

Es gelingt uns sehr gut durch entsprechende Formulierungen und den dazu passenden Einsatz unserer stimme, wirkungsvoll Stimmung, Spannung und Aufmerksamkeit zu erzeugen und aufzubauen! Das immer wieder einmal eingesetzt sorgt dafür, dass Du die Aufmerksamkeit aufrecht erhältst!

Beispiele:

- Jetzt lasse ich Sie einmal einen Blick hinter die Kulissen werfen...!
- Jetzt ist es wichtig, dass Sie ganz genau aufpassen...!
- Ich verrate Ihnen jetzt etwas, was die wenigsten wissen...!
- Jetzt wird es gerade für Sie besonders interessant weil...!
- Eines der letzten Geheimnisse ist...!
- Ich verrate Ihnen heute etwas, dass....!

Bereits vor meiner Präsentation kann ich mir den Einsatz an bestimmten Punkten und dem Verlauf meiner Rede überlegen, um entsprechende Stimmung zu erzeugen.
Die hier beschriebenen Formulierungen lassen sich allerdings sehr gut auch ganz spontan und nach Deinem oder dem Bedarf des anwesenden Publikums einsetzen.

Eine weitere Methode für eine bestimmte Stimmung zu sorgen, bedeutet „Schmerz" zu erzeugen und hervorzuheben. Ich nenne das „Salz in die Wunde streuen!"

Das erzeugt Aufmerksamkeit, da Du für den Zuhörer bekannte Missstände und Bedürfnisse angesprochen und verstärkt hast und jetzt kommst Du mit dem „Schmerzmittel" und stellst die Lösung in Aussicht und das positive Ergebnis, das dadurch erzielt wird und dass das der Inhalt Deiner Präsentation ist.

Extra – Tipp:
Wenn Du häufiger vor möglicherweise dem identischen Publikum einen Auftritt hast, dann variieren bitte diese Bausteine. Der Grund ist, dass selbst bei vermeintlich guten

Sprechern durch mangelnde Reflektion die Gefahr besteht, dass sie immer wieder an gleicher Stelle das identische sagen.

Das nervt und irgendwann erzeugt es nur ein müdes Lächeln.

Ich habe schon Redner erlebt, bei denen Zuhörer sagten: „Jetzt bringt er gleich das oder trifft diese Aussage!"

Daher: *„Erfinde"* *Dich und die Aussagen auch gerne immer wieder neu!"*

2.19 Verbindende Formulierungen und Verwendung positiver Sprache

Diese Art der Formulierung sorgt für eine Verbindung zwischen Dir und den Zuhörern oder dem Zuhörer. Benutze daher Worte wie „Gemeinsam", „Zusammen" oder „Wir" usw. und Du schaffst Gemeinsamkeit und Beziehung!

In unserem Alltag und gerade auch durch die Reizüberflutung der Medien und der Begegnung mit vielen „Negativ – Denkern", macht es einen Unterschied, wenn es Dir durch positive Sprache gelingt, eine entsprechende Stimmung / Emotion aufzubauen.

Sprich daher in Möglichkeiten und vermeide Mangeldenken, verzichte auf „Negationen" und Worte wie Problem (besser Chance) und richte die Aufmerksamkeit auf die positive Seite der Medaille (Reframing – der gleiche Inhalt, jedoch eine andere Bedeutung)

Fasse Dich dabei auch kurz und komme zum Punkt!

2.20 Wirkungspausen

Viele Sprecher, Verkäufer und Menschen, die zu anderen Menschen sprechen, reden ohne „Punkt und Komma", vergessen dabei selbst zu atmen und lassen den Zuhörern auch kaum Zeit dazu, geschweige denn die Zeit, gehörtes auch zu verarbeiten.

Arbeite daher ganz bewusst mit Pausen, um die Wirkung in der Wahrnehmung des Zuhörers zu steigern durch erhöhte Aufmerksamkeit und die Bedeutsamkeit des gesagten zu steigern.

Das macht Deinen Inhalt auch spannend und Du vermeidest, dass der Zuhörer einschläft oder in eine Trance geredet wird.

Der Zuhörer ist Dir dankbar dafür, denn sicher hat er auch schon andere Erfahrungen gemacht.

2.21 Wirkungsbrücke: Verbindlichkeit, Meeting / Teilnehmer

Die Meeting – Kultur besteht häufig aus einem „wilden Aktionismus" ohne greifbare Ergebnisse und es bilden sich dadurch die Glaubenssätze, dass zu viele Meetings gemacht werden.
Das ist falsch, denn es liegt nur an der Qualität und Durchführung dieser Treffen!

Sorge hier als Moderator und Präsentator für eine klare Linie und stelle Verbindlichkeiten her, nach dem Motto: Wer (eine bestimmte Person) macht was genau bis wann (in das Protokoll eintragen und festhalten)?

Das macht es greifbar, messbar und dadurch erfolgreicher, meist mit der Wirkung, dass dann tatsächlich weniger Meetings benötigt werden. Das ist deutlich wirtschaftlicher!

Achtung!

Bitte beachte dabei, dass bei längeren Online – Meetings auch die Pausen häufiger eingeplant sind, damit die Teilnehmer wertschätzend in ihrem möglichst Bestzustand und dadurch auch Aufnahmebereit bleiben.

„Wie konnte ich wissen, was Du meintest,

als ich hörte, was Du sagtest!"

(*Paul Watzlawick*)

3 Fragetechnik / Meta – Modell / Kernfragen / Dilts

Wer fragt der führt – jedoch wohin? Richtige und wirksame Fragen zu stellen ist eine Kunst und mit Fragen lenken wir auch die Gedankengänge und damit auch Gespräche bei unseren Zuhörern und Gesprächspartnern.

Spannend dabei ist, dass den meisten nicht bewusst ist, dass es bei Menschen Verarbeitungsfilter gibt, die sich auch im sprachlichen Ausdruck zeigen und diese Filter sind *Generalisierung* (Verallgemeinerung), *Tilgung* (Informationen werden weggelassen) und *Verzerrung* (Veränderung der Darstellung).

Spannend ist auch, dass Menschen glauben, sich zu verstehen und miteinander zu reden, jedoch auf Grund der Filter aneinander Vorbei und das ist die Grundlage für Missverständnisse, Konflikte und Interpretation. Es gibt ja den schönen Satz: „Wie konnte ich wissen, was Du meintest, als ich hörte, was Du sagtest!"

Daher achte in Deiner Präsentation auf entsprechende Klarheit und die Wirkung Deiner Worte und wenn möglich, dann frage gezielt nach, um angesprochene Missverständnisse zu vermeiden!

3.01 Dilts – Ebenen

Um weitere Klarheit über Dein Ziel zu erhalten oder gezielt Fragen in einem Bereich zu stellen, kannst Du auf den „*Dilts-Ebenen*" weiter analysieren. Das ist eine sehr wirkungsvolle NLP-Methode nach Robert Dilts, auf der Du Dein Ziel und die eigene Aktivität auf sechs verschiedenen Ebenen genau unter die Lupe nehmen und mit gezielten Fragen überprüfen kannst.

Beispiele:

Auf der Ebene *Umwelt / Umgebung* fragen Sie sich zum Beispiel:

- Was nimmst Du wahr?
- Mit wem bist Du hier?
- Wo bist Du hier?
- Wo willst Du hin?

Auf der Ebene *Verhalten* fragen Sie sich zum Beispiel:

- Was machst Du?
- Wie verhältst Du Dich?
- Wie muss das Verhalten sein, um die gesetzten Ziele zu erreichen?

Auf der Ebene *Fähigkeiten* fragen Sie sich zum Beispiel:

- Welche Fähigkeiten hast Du?
- Welche brauchst Du noch?
- Was machst Du?
- Wie machst Du es?

Auf der Ebene *Glauben und Werte* fragen Sie sich zum Beispiel:

- Wie ist der Glaube über Dich selbst?
- Was motiviert Dich?
- Was ist der Grund und die Bedeutung für Dich?
- Was ist Dir wichtig?

Auf der Ebene *Identität* fragen Sie sich zum Beispiel:

- Wer bist Du?
- Wie willst Du sein?
- Wie ist mein Selbstverständnis und Selbstbewusstsein?

Auf der Ebene *Vision* fragen Sie zum Beispiel:

- Was ist meine Mission?
- Was ist meine Aufgabe?
- Was ist das größere Ziel dahinter?

3.02 „Indirektes" – Fragen

Diese Technik passt auch zum Kapitel 5 (Milton), da hier durch das Fragen das Unbewusste angeregt wird und die Wirkung großartig ist.

Wie kannst Du denn nun „indirekt" Fragen stellen? Du kannst laut aussprechen: *Ich stelle mir gerade die Frage .....!* oder Du kannst laut aussprechen: *„Ich weis nicht, ob Sie sich einmal die Frage gestellt haben ...!* und erreichst damit, dass spätestens jetzt, wo Dein Gesprächspartner oder Teilnehmer die Frage gehört haben auch Gedanken dazu entstehen. Eine wirksame Methode, um zu aktivieren!

„If you can dream it, you can do it!"

**(Wenn Du es Dir vorstellen kannst,
kannst Du es auch machen!)**

(Walt Disney)

4   Einsatz von Visualisierung und Medien

Welche Medien benötigst Du für die Präsentation und wie setzt
Du diese ein? Sind diese ausreichend vor Ort oder bringst Du
diese mit? Wie erreichst Du die Sinne Deiner Zuhörer und
Gesprächspartner nach jeweiligem spezifischen Typ?

Du brauchst ja für ein Personalgespräch keinen roten Teppisch
auszurollen, Blütenblätter zu steuen, Duftkerzen aufzustellen
und vorab beim Feuerwerker ein Tischfeuerwerk zu bestellen,
was allerdings je nach Veranstaltung (siehe Foto) durchaus
auch eingesetzt werden kann.

Du hast allerdings die Möglichkeit, für Dein gegenüber oder die
Meeting – Teilnehmer im kleineren Kreis ob Online oder
Präsenz durchaus ein „Feuerwerk" für deren Sinne und
Verarbeitungsmuster zu veranstalten und zwar über die Art der
Ansprache und Präsentation!

Auch hier zählt: „Ein Bild sagt mehr als 1000 Worte!"

Woran liegt das?

Menschen denken in Bildern und durch Bilder gelingt es Dir auch sehr gut, vermeintlich schwieriges einfach zu erklären oder eine Botschaft z.b. als Metapher (Milton – Modell) zu vermitteln.

Hierzu jetzt einige Varialten der Darstellung und Dich mit einbezogen!

4.01 Eigene Person / Rapport

Du bist absolut entscheidend, wie sich das Ergebnis Deiner Präsentation auf Dein Publikum auswirkt. Erst wirst Du als Person „gekauft" und dann öffnen sich die Menschen für Deinen Inhalt und Deine Botschaft.

Daher gib etwas von Dir dem Publikum und mache Dich erlebbar als Mensch und erzähle Deine Geschichte und Deine Story, die Dich z. B. auch jetzt genau vor dieses Publikum gebracht hat. Wenn Du bereits im Unternehmen bekannt bist, dann zählt Beziehungsmanagement auch genau so!

Wir haben es mit Menschen zu tun und versetze Dich in diese und nehme wahr, was diese auch wahrnehmen und spreche es an. Es gilt: Empathie schafft Sympathie!

Bleibe dabei Kongruent, so dass Stimme, Körpersprache und Aussage aus einem Guss sind, denn so hast Du die maximale Wirkung auf dein Publikum.

Die Zeit, die Du darin investierst zahlt sich durch die Wirksamkeit Deiner Performance aus und das Feedback, das Du dadurch erzielst.

Dabei macht es Sinn, dass auch Dein Outfit stimmig zu Dir und Deiner Botschaft passt!

4.02 Flipchart Visualisierung (Den Sinn „sehen" aktiv ansteuern)

Einen Flipchart zu nutzen ist sehr empfehlenswert, denn Du kannst direkt vor den Augen Deines Publikums etwas entstehen lassen oder durch Interaktion entstehende Infos auf dem Chart festhalten.

Das wirkt aktiv, lebendig und bindet die Aufmerksamkeit auch durch die bildhafte Darstellung.

Du nutzt die Bühne aktiv und kannst sogar zwischen zwei Flipcharts pendeln und das funktioniert auch Online, wenn Du im Hintergrund ein Flipchart aufgebaut hast.

Mit Gestik kannst Du auch immer wieder auf das Bild oder Darstellung hinweisen und es besteht auch die Möglichkeit, Chart Vor- oder Teilvorzubereiten. Das kannst Du dann auch als „roten Faden" nutzen!

4.03 Power Point

Es gibt Unternehmen, die mittlerweile Power Point sogar ganz verboten haben! Der Trend geht tatsächlich weg vom sogenannten „betreuten Lesen", denn viele schaffen zu viele Informationen darauf, fokussieren die Zuschauer auf die Inhalte und weg vom eigentlichen Präsentator!

Wenn überhaupt notwendig, dann ist definitiv weniger besser als zu viel und je nach Kontext dann eben ein paar Zahlen oder überschaubare Bilder, die eine klare Botschaft senden!

Achtung:

Du kannst auch aktiv damit arbeiten, indem Du zwischendurch Power Point ausschaltest und damit bewirkst, dass Du wieder die volle Aufmerksamkeit hast und es bietet in der Wahrnehmung auch Abwechslung!

4.04 Moderationskarten

Moderationskarten gibt es in unterschiedlicher Form und Größe. Auch als Folie, damit sie statisch aufgeladen hängen bleiben.

Ansonsten sind sie durch Pins, Magnete, Selbstklebend oder mit einem geeigneten Klebemittel anbringbar.

Du kannst sie unterschiedlich nutzen, indem Du etwas abdeckst oder Du nimmst sie ab, um etwas sichtbar zu machen. Du kannst Strukturen vor den Augen Deiner Zuhörer entstehen lassen und entsprechend kennzeichnen!

Wenn diese im Raum erhalten bleiben, sind sie immer wieder sichtbar für den Zuhörer und sind entsprechend dienlich, um Deine Präsentation lebendig und bunt zu gestalten. Menschen denken ja auch bunt und in Bildern!

Daher gestalte deine Präsentation erlebbar!

4.05 Hören, Emotion und Haptik (Die Sinne „Auditiv" und „Kinästhetisch")

Hilfsmittel (Musik / Gegenstände)

Musik ist unterschiedlich einsetzbar und erzielt entsprechende Wirkung!

Sie kann dramaturgisch während Deiner Präsentation eingesetzt werden, um Inhalte zu unterstützen und Emotionen zu erwecken. Daran erinnert sich Dein Publikum und Zuhörer!

Du kannst allerdings auch bereits vor deiner Präsentation Musik laufen lassen und da am besten den eher aktuellen oder allseits bekannten „Mainstream" anstatt etwas zu spezielles, mit dem Du nur einzelne erreichst.

Wenn es die Möglichkeit gibt, etwas zum „anfassen" herumzugeben, dann hat das für diesen entsprechenden Typen eine nachhaltige Wirkung.

Auch das sorgt für Rahmen und Stimmung!

4.06 Gesprächspartner und Publikum

Binde wann immer es geht den / die Gesprächspartner oder das Publikum aktiv mit ein! Du schaffst dadurch ein Erlebnis für alle Sinne und entsprechende Emotionen, so dass sich die Menschen auch später noch an Deine Präsentation als positives Erlebnis erinnern.

Es gibt einfache und bereits erwähnte Mittel, wie Fragen zu stellen, dabei selbst die Hand zu heben und du wirst bemerken, dass die Menschen „mitgehen" und Aktivität zeigen. Stelle dabei die Fragen so, dass jeder einmal dabei aktiv war!

Beispiel: Wer hat Kinder? Wer war mal Kind? Wer ist es noch? Wer würde sich nie melden, wenn ich etwas Frage?

Wenn es Dir dadurch gelingt, entsprechende Stimmungen, auch z. B. durch gegenseitiges Abklatschen (give me 5), zu verursachen, dann schaffst Du sogar in großen Sälen und Hallen eine Dynamik, die Energie und Aufmerksamkeit erzeugen!

Wenn die Teilnehmer vorab bereits einmal andere Erfahrungen in Präsentationen gesammelt haben, dann sind sie Dir wirklich dankbar!

4.07 Handout und Whiteboard

Ein Handout ist durchaus dienlich, denn es dient sowohl den Zahlen und Informationstypen, wie auch den Haptikern, die im wahrsten Sinne des Wortes etwas „Begreifen" wollen.

Zu einem seriösen und kompetenten Auftritt gehören auch die Unterlagen, Broschüren und alles, was wir an potentielle Kunden und Teilnehmer weitergeben. Präsentationsmappe und Inhalte sollen natürlich auch professionell und kompetent aufbereitet sein.

Hier geht es auch um den Eindruck, den Du bei Deinem Gegenüber hinterlassen willst und hier ist auch wieder unsere Einstellung und Wertschätzung dem potentiellen Zuhörer gegenüber gefordert.

Eindruck schafft eine gelungene Übersicht und Klarheit der Mappe oder Unterlage mit den wesentlichen Punkten. Diese kann ich mit Farbe und Bildern noch einmal eindrucksvoll hervorheben. Der Druck soll sich wertig anfühlen und die Papierwahl durchaus etwas schwerer. Das bedeutet: „Ihr Inhalt hat Gewicht!"

Ebenfalls bei den Unterlagen / Handout für die Teilnehmer darf hier nicht gegeizt werden, denn das ist sparen am falschen Ende. Ein Ordner und eine gelungene Übersicht zu den

Inhalten, sowie Möglichkeiten für eigene Notizen und Ausarbeitungen halte ich für sinnvoll und diese bleiben nachhaltig positiv in Erinnerung.

Wenn Du mit Feedback – Bögen arbeitest, dann erhältst Du die entsprechende Rückmeldung und kannst gegebenenfalls auf entsprechende Punkte reagieren. Positive Feedbackbögen lassen sich auch sehr gut als Beleg für Deine Qualität und die Qualität Deiner Präsentationen nutzen.

Hierbei sind auch jeweils der Rahmen und der Kontext, in dem Du Dich in Deiner Präsentation bewegst zu bedenken.

Das bedeutet, wann ist der richtige Zeitpunkt für das Handout? Wenn die Teilnehmer es am Anfang erhalten, dann besteht die Gefahr, dass sie sich im Handout bewegen und Dir die Aufmerksamkeit fehlt.

Online versende ich meist Vorab das Handout und Du kannst während der Präsentation auch immer wieder Inhalte teilen und sichtbar machen. Das trifft auch zum Beispiel auf Kurzfilme oder Videos zu und auch auf dem Whiteboard können Online sehr gut Botschaften sichtbar gemacht werden oder auch gemeinsam (auch in getrennten Gruppen / Breakout Räume) erarbeitet und entwickelt werden. Achte dabei immer darauf, mit welchem Medium Online gearbeitet wird und beschäftige Dich vorab mit der entsprechenden Funktionsweise. Wenn Du Dich damit sicher fühlst, dann sorgst Du auch für ein sicheres Gefühl bei den Teilnehmern.

Oft passt es auch gleich zum Start und Du kannst dann delegieren, wann was aufgeschlagen wird oder Du gibst es „Häppchenweise" heraus, so dass das Handout kontinuierlich wächst.

Entscheide daher, welche Vorgehensweise in deine nächste Präsentation am besten passt.

Nimm Dein Schicksal selbst in die Hand,

oder jemand anderes tut das für Dich!

(Jack Welch / Manager des Jahrhunderts)

5 Milton Modell / Metaphern / Utilisieren / Rapport

In meinen NLP Ausbildungen trainieren wir auch das „Milton – Modell", das sich mit Sprachmustern beschäftigt, die auch das „Unbewusste" bei Menschen anregt und aktiviert und hier beschäftigen wir uns mit Beispielen, die in einer Präsentation besonders gut wirken.

5.01 Historische, persönliche oder literarische Metapher

Es gibt eine lange Tradition, sich Geschichten zu erzählen. Egal, ob es sich um Märchen, Abenteuer, Fabeln, Analogien usw. handelt, sie erzielen alle eine Wirkung auf die Zuhörer!

Metaphern sind im übertragenen Sinne Geschichten, in denen sich der Zuhörer selbst wieder findet und meist ist darin auch eine Lösung enthalten. Heutzutage sprechen viele von „Story telling", was genau dem entspricht. Die Wirkung ist entsprechend hoch, da Menschen sich schon immer, früher an Lagerfeuern oder auf Marktplätzen (im Orient oft heute noch) erzählt haben.

Es ist auch eine eher indirekte Botschaft und wird daher auch mit weniger Wiederstand aufgenommen und akzeptiert. Vermeintlich schwierige Sachverhalte werden einfacher verpackt und dadurch verständlicher. Die Gedanken und Aufmerksamkeit werden auf eine Reise geschickt und die verpackte Botschaft erkannt.

Wenn Du jetzt auf eine historische oder literarische Metapher zugreifst und zitierst, dann wird die Botschaft mit der Person, von der die Ursprungsgeschichte kommt verknüpft und damit Erfolg, Professionalität usw. vermittelt. Der Effekt, der bei Deinem Zuhörer entsteht: „Ja wenn das XXX bereits gesagt hat, dann ….!" Die Aussage, das Zitat und die Person wird dann ganz unbewusst auch mit Deiner Person und Aussage verknüpft!

Beispiele:

Henry Ford sagte einmal…..
Als der Dalai Lama …..
Schon der Altbundeskanzer …..
Bekannt von Einstein ist die Aussage……
Usw.

Eine persönliche Metapher ist eine Geschichte oder Erfahrung, die Du selbst erlebt hast oder z. B. jemand den Du kennst usw.! Persönliche Geschichten schaffen auch Beziehung, da Du etwas „von Dir" gibst und das sorgt für die Bereitschaft des Zuhörers, auch etwas „von sich" zu geben und sich zu öffnen. Das kann Beispielsweise etwas zu Deiner eigenen Entwicklung und Lernerfahrung sein. Du transportiert dadurch das „Menschliche" und machst Dich dadurch nahbar, sympatisch und glaubhaft. Das schafft Vertrauen. Storys, geschichten mit erkennbarem Nutzen oder einer Botschaft werden gerne angenommen und verarbeitet, da sie nicht druckvoll und direktiv sind, sonder sehr gut intirekt wirken, da sich der Zuhörer in der Geschichte finden und das ergbnis entdecken kann.

5.02 Verallgemeinerung

Im direkten Austausch und der Präsentation macht es Sinn, die Inhalte auch in direkter Konsequenz für die jeweiligen Personen, Unternehmen usw. anzusprechen, jedoch wenn es der Plan ist, etwas allgemein gültiges anzusprechen oder die teilnehmenden Personen auf jeden Fall gemeinsam zu erreichen, dann kannst Du Dich eher mit Worten wie „Man" oder „wir alle", „jeder", „schon immer", „die Menschheit" usw. ausdrücken und so findet sich jeder Zuhörer als Teil von etwas großem wieder und wird auf jeden Fall mit angesprochen und „abgeholt!"

5.03 Wirkung und Ergebnis

Du hast im Thema „Dramaturgie Kurve" erfahren, wie wichtig es ist, dass der Zuhörer mit einem emotionalen Hoch aus deiner Präsentation heraus geht.

Hier setzt Du dann diesen Baustein ein und sprichst über die Konsequenzen, daraus resultierende Ergebnisse, Nutzen, Mehrwert und Vorteile. Das bleibt am Ende in den Köpfen der Zuhörer nachhaltig (Psychologie Kurzzeitgedächtnis) erhalten und erzielt so die von Dir erwünschte Wirkung.

5.04 Utilisieren und Rapport

Utilisieren bedeutet allgemein bekanntes (was ist jedem Teilnehmer bewusst oder woran denkt er gerade) oder mit den Sinnen für alle wahrnehmbares (was sehen, hören, riechen, schmecken oder fühlen alle Teilnehmer) anzusprechen und einzubauen. Du kannst Online etwas einbauen, was am Bildschirm für alle sichtbar ist.

Das kann auch eine Störung oder die Raumtemperatur sein, denn es geht nur darum, sich ein „Ja" der Teilnehmer abzuholen und dadurch Beziehung (Rapport) aufzubauen.

Utilisieren bedeutet daher, das einzubauen, was gerade sowieso wahrgenommen wird oder stattfindet. Dadurch holst Du zuerst einmal eine allgemeine Zustimmung der Teilnehmer ab, denn Du spricht ja offensichtlich die Wahrheit und das schafft Vertrauen.

Am besten ist das gleich von Beginn an einzusetzen und dadurch auch „in den Raum" zu gehen und sich das nutzbar machen, was sowieso da ist und der Teilnehmer denkt: „Aha, das ist einer von uns, der denkt wie ich und sieht die Dinge so wie ich, dem höre ich zu!"

Damit baust Du im Vergleich zu vielen anderen eine wesentlich bessere Beziehung auf, die Teilnehmer sind offen für Deinen Inhalt und entsprechend fällt dann auch das Feedback aus.

Rapport bedeutet Beziehung aufbauen! Hierbei ist es wichtig, auch die Zuhörer genau anzuschauen, um die Möglichkeit zu nutzen, sich diesen anzugleichen. Es heißt ja: „Gleich und gleich gesellt sich gern!" und Menschen mögen Menschen, die sich ähnlich sind.

Ein Beispiel aus meiner Trainerpraxis ist, dass ich ein Jackett anhabe und kein Zuhörer seinerseits mit Jackett kommt. Meine Reaktion: „Jetzt hat ja jeder gesehen, dass ich ein Jackett dabei habe, dann kann ich es jetzt ja auch ausziehen!" Das schafft Gemeinsamkeit!

Darüber hinaus kommen je nach Situation zum Beispiel in einem Unternehmens Training und Schulung die Teilnehmer auch mit Ängsten oder Vorbehalten. Diese gilt es abzubauen und ich kommuniziere dann klar, dass ich hier nicht als der Oberlehrer erscheine, der alle verbiegen will, sondern wir nutzen vorhandene Ressourcen und Erfahrungen und ich frage einmal, wie sich die Teilnehmer an einem Buffet verhalten. Erzähle dann, dass ich mich am Buffet durcharbeite und was mir besonders gut geschmeckt hat, da gehe ich noch einmal hin. So verweise ich auf die Inhalte und schaffe die Analogie: „Probiert es und nutz das, was besonders gut passt!"

Diese Vorgehensweise schafft Vertrauen und mindert die Ängste, Bereitschaft und Offenheit entsteht. Als Feedback erhalte ich dann vom Auftraggeber entsprechende Referenzen und Aussagen wie: „Ihr Name ist hier positiv besetzt!"

5.05 Verknüpfungen

Erzeugen Sie einen Loop mit Sätzen nach der Methode X = Y oder Ursache = Wirkung.
Das bedeutet, wenn das eine (x) zutrifft, dann trifft auch das andere (y) zu!

Beispiel:

Je....desto

Je mehr Fragen Sie haben, desto eher können Sie sich entscheiden.
Je sicherer Sie jetzt in Ihrer Entscheidung sind, desto eher kommen Sie in den Genuss.

Wenn ...... dann

Wenn sie die maximale Information aus diesem Training nutzen, dann werden Sie in Zukunft deutlich sicherer sein!

Denken ist die schwerste Arbeit, die es gibt!

Das ist wahrscheinlich auch der Grund,

warum sich so wenige Leute damit beschäftigen!

(Henry Ford)

6 Anker

Was sind Anker? (Hintergründe aus der Psychologie)

Das Thema Anker hat hier ein eigenes Kapitel erhalten, obwohl es auch zum Thema State – Management passt und Emotionen erzeugt. Ein Anker ist ein Reiz, auf den eine Person auf eine bestimmte Weise reagiert, abhängig von einer vergangenen Erfahrung mit diesem Reiz.

Das Konzept basiert auf den Arbeiten des russischen Neurophysiologen Pawlow, der den Speichelfluss von Hunden untersuchte. Eines Tages stellte er fest, dass die Hunde bereits dann speichelten, wenn sie nur die Schritte des Wärters hörten, der ihnen immer kurz darauf ihr Fressen gab. Offenbar hatten die Hunde sich so daran gewöhnt, immer kurz nach dem Klang der Schritte des Wärters gefüttert zu werden, dass automatisch die Reaktion des Speichelflusses ausgelöst wurde.

Was dann geschah, ist weltberühmt und brachte Pawlow den Nobelpreis. Er ließ eine Glocke läuten, bevor die Hunde gefüttert wurden und nach einigen gleichzeitigen Paarungen begannen die Hunde immer zu speicheln, wenn die Glocke ertönte. Er hat diesen Versuch häufiger wiederholt, bis er diesen Konditioniert hat. Funktioniert das auch beim Menschen? Ganz sicher und Du kennst oder hast sicher auch welche!

Beispiele für Anker aus dem Alltag, die Du eventuell schon erlebt haben sind zum Beispiel bestimmte Lieder, die bestimmte Gefühlzustände in Dir auslösen oder Bilder, die Emotionen erwecken wie unser Urlaubsalbum und auch bestimmte Gerüche lassen uns an einen längst vergangene Situation denken und wie durch ein anschalten oder auf Knopfdruck sind wir in einem anderen Zustand und Gefühl.

Auch Worte und Begriffe können den ein oder anderen Gefühlszustand auslösen und nach Person oder Situation kann das ein negativer oder positiver Zustand sein. Denke dabei einmal an das Wort „Finanzamt!" Na, was löst das bei Dir aus? In Konsequenz bedeutet das, dass wir auch durchaus unbewusst einen Gesprächspartner in einen gewollten oder eben ungewollten Zustand versetzen. Das gilt es mit Aufmerksamkeit zu beobachten!

Es bedeutet, dass irgendein externer Reiz Dich in einem Sekundenbruchteil in einen bestimmten Zustand versetzt hat.

Viele Menschen schreiben auch Tagebücher und genau so kannst Du Dein Erfolgstagebuch schreiben, dass eine Fülle Deiner Erfolgserlebnisse enthält. Das hilft Dir, Dich wieder in Situationen in einen bestimmten positiven Zustand hineinzuversetzen und auszubauen, indem Du wieder die Bilder, Geräusche und Empfindungen erlebst. Versetze Dich in die Situation, wenn Du genau dieses Gefühl in einer jetzigen Situation abrufen willst.

Was bedeutet diese Möglichkeit für unsere künftigen Gesprächssituationen und z. B. Vertriebsprozesse, Verhandlungen usw.? Wie können wir Ankern einsetzen und nutzen?

6.01 Anker für sich selbst als Ressource einsetzen

Wenn es darauf ankommt, bei dem Kunden, dem Gesprächspartner oder bestimmten Situationen z. B. vor Publikum mit seinem Auftritt den maximalen Wirkungsgrad zu erzielen, dann sind sich die Spitzenperformer darin einig, dass wir am besten auch in einem Spitzenzustand sein sollen. Jetzt passiert es allerdings bei einigen Menschen, dass eher das Gegenteil der Fall ist, denn aus welchen Gründen auch immer stellen sie sich genau das vor, was in der Vergangenheit schief gelaufen ist und was möglicherweise in der kommenden Gesprächssituation alles wieder negativ auftauchen könnte. Sie erzeugen dadurch Blockaden mit einer dramatischen Nebenwirkung!

Damit ziehen sie sich eher herunter, denn alles was ich mit Aufmerksamkeit füttere wächst und bestimmt am Ende meinen Zustand, in diesem Falle negativ und arm an Ressourcen und dadurch auch mein Verhalten und meine mir zur Verfügung stehenden Fähigkeiten. Darüber hinaus sind z.b. Verkäufer eben auch Menschen, die sich durchaus auch einmal in einem Zustand der physischen oder psychischen Herausforderung und Belastung befinden. Gerade dann, wenn es darauf ankommt fehlt Ihnen möglicherweise der Zugang zu Schlagfertigkeit und Rhetorischer Sicherheit, Verhandlungssicherheit, überzeugendem Auftreten, der Wahrnehmungsfähigkeit um mit der Aufmerksamkeit ganz bei Ihrem Kunden und Gesprächspartner zu sein und all den Fähigkeiten, die Du als Topverkäufer normalerweise im Bestzustand ausmachen. Auch wenn Du kein Verkäufer bist, geht es jedoch immer um die Wirkung, die Du erzielst oder erzielen möchtest!

Um genau diesen Fallbeispielen entgegen zu wirken, ist es besonders hilfreich, wenn es Dir wie vergleichbar mit einem Lichtschalter den Du an oder ausschalte gelingt, einen Spitzenzustand zu erlangen. Ich glaube, dass Du Dir vorstellen kannst, wie es ist und was es für Deine künftigen Gespräche bedeutet, wenn Dir eine Möglichkeit zur Verfügung steht, dass Du Dich auf „Knopfdruck" in einen Top-Zustand begeben kannst.

Was ist so ein Spitzenzustand und was wird dadurch ermöglicht? Das liegt förmlich auf der Hand, denn in einem solchen Zustand hast Du Zugang zu Deinen Argumenten, bist schlagfertig, gelingt es Dir mit Deiner Aufmerksamkeit bei Deinem Kunden und Gesprächspartnern zu sein, hast die Fähigkeit zielführende Fragen zu stellen und die Aufmerksamkeit und damit das Gespräch zu steuern und strahlst auch mit Deiner Körpersprache nachhaltig Deine Präsentation aus. Deine Außenwirkung ist „Stimmig!"

In diesen Zustand kommst Du am besten, wenn Du Dich intensiv an erlebte Erfolge und gelungene Situationen erinnerst und diese verstärkst. Stelle Dir doch einmal am besten eine vergangene Situation vor, in der Du einfach genial warst. Du warst überzeugend und alles lief Deinem Wunsch entsprechend genau so ab. Versetze Dich einfach einmal hinein, wie das so ist, wenn Du Dich noch einmal in genau so eine Situation hinein denkst.

Was hast Du gefühlt, gesehen und welche Handbewegung hast Du vielleicht gemacht? Wenn es Dir jetzt gelingt, dass Du wieder in diese Emotion kommst, dann ist das ein konditionierter Reiz, den Du Dir immer wieder abrufen kannst und Dich dadurch in eine entsprechende Einstimmung für das nächste wichtige Gespräch bringst.

Diese mentale Strategie nutzen vergleichsweise auch Spitzensportler, um eben genau in einen Spitzenzustand zu kommen. Sogar bei meinem Sohn habe ich im Fußball einmal eine solche Reaktion erlebt und mit einem Anker aufgelöst. Er war in den Ferien im Fußball-Sommercamp für Kinder eines Proficlubs angemeldet und hoch motiviert. Das war auch noch so als die Trikotausgabe stattgefunden hat und die Kinder ihren Ball in Händen hatten.

Dann passierte etwas, was sicher gut gemeint aber nicht gut gemacht war. Die Kinder wurden in Gruppen je nach alter eingeteilt und die älteren hatten Namen wie Wölfe und Fuchs was ok war und die jüngeren und unter ihnen mein Sohn waren die „Bärchen".

Kannst Du Dir vorstellen, was das in so einem motivierten achtjährigen auslösen kann?

Ja, und genau so hing dann auch die Kinnlade und der Kopf mit der gesamten Körpersprache nach unten. Ich war da, habe meinen Sohn kurz zur Seite genommen und ihn noch einmal seine Erfolgserlebnisse mit Fragen vor Augen geführt. Wie sehen die Wände in Deinem Zimmer aus? Antwort: „Da hängen Urkunden, Medaillen, Erinnerungsfotos mit Profis aus der Bundesliga, ein Regalbrett mit Pokalen und auch Bilder der gewonnenen Meisterschaften. Mit der Erinnerung

(Positiver- Anker) kam auch der Powervolle Zustand zurück und die zwei veranstalteten Wettbewerbe mit dem Preis einer Metallthermokanne und dem Vereinslogo und einem Pokal hat er beide gewonnen und sich auch dadurch erneut ein erfolgreiches Referenzerlebnis geschaffen.

Dabei müssen die Situationen noch nicht einmal deckungsgleich mit der Situation sein in die Du Dich jetzt begibst und für die Du eine bestimmte Ressource benötigst, denn es geht um das Gefühl und um den Zustand.

Ich selbst nutze diese Ressource-Anker auch immer wieder für mich je nach Situation und Zustand. Ich erinnere mich da an eine Situation bei einem Kunden, mit dem ich einen wichtigen Termin mit dem Thema weiterer Mitarbeitertrainings hatte. Ich hatte zu diesem Zeitpunkt bereits eine Filiale diese Unternehmens im Bereich Telefonverkauf und Serviceleistungen erfolgreich geschult und jetzt ging es darum am besten alle Filialen Bundesweit zu trainieren.

Obwohl ich es mir so einplane, dass ich genug Zeit vor einem Termin habe um garantiert pünktlich zu sein, verschwor sich auf meinem Weg nach München sehr viel vom Stau angefangen gegen mich und ich habe an mir gewisse Emotionen bemerkt und kein Vorstand braucht einen abgehetzten und aufgeregten Verkäufer in seinem Büro, der sich nicht richtig konzentrieren kann. Ich war noch in den letzten Minuten pünktlich, konnte auf meine Anker zugreifen und hatte ein sehr angenehmes Gespräch. Das sind die Geschichten, die das Leben schreibt.

Wenn Du einmal in einer ähnlichen Situation bist, dann stell Dir hierzu einfach am besten die Frage, was brauche ich jetzt und wo stand mir das bereits einmal zur Verfügung. Das kann ein Erlebnis aus Deiner Ausbildung, ein Sportereignis, ein gelungenes Verkaufsgespräch, das Gefühl eines Siegers dem alles gelingt oder ähnliches gewesen sein.

Jetzt geht es darum, sich so intensiv wie möglich in diese Situation hineinzuversetzen und noch einmal zu erleben. Wenn Dir das gelungen ist, dann kannst Du Dir an einer vorab erwählten Stelle Deines Körpers, die Du jederzeit gut und unauffällig erreichst zum Beispiel Handgelenk oder Fingerknöchel, einen Druckpunkt setzen, um diesen im Bedarfsfall wie in dem Beispiel des Lichtschalters drücken und damit auslöst. Damit kommst Du wieder in Deinen erwünschten Zustand.

Schaffe Dir am besten eine überschaubare Auswahl von Spitzenzuständen und stelle Dir die Frage, was die motivierenden Situationen, Erfahrungen, Bilder und Reize sind, die in Dir einen positiv konditionierte Stimmung auslöst und Du hast je nach Situation die Möglichkeit, die in Dir abrufbaren Kräfte auszulösen und im jeweiligen Bedarfsfall anzuzapfen. Schaffe Sie Dir dadurch Zugang zu Deinem Potential und nutze es!

6.02 Besonders hilfreich zur Anwendung - die T.I.G.E.R. – Formel

T steht für das richtige Timing, denn ein guter Anker ist gleichzusetzen mit der Steigerungskurve des Zustandes. Hierbei geht es darum, den möglichst größten Grad festzuhalten und dabei rechtzeitig aufzuhören, um nicht den Abschwung und damit das nachlassen der Wirkung mit zu ankern.

I steht für die Intensität des Zustandes, denn um einen wirklich starken Anker zu installieren, muss der Zustand sehr intensiv gewesen sein, den wir geankert haben. Mit dem Anker halten wir den Zustand fest, den wir gerade wiedererleben und das bedeutet, dass wir auch nur die Intensität festhalten können, die vorhanden ist.

G steht für die Genauigkeit der Wiederholung, denn wenn die Position des Ankers nicht wieder genau getroffen wird, dann wird die Reaktion während des Auslösens entweder nicht mit der maximalen Intensität oder sogar gar nicht funktionieren. Ich empfehle daher immer die Breite von zwei Fingern anstatt von einer „zögerlichen" Fingerspitze zu nutzen. Das vergrößert die Druckpunktfläche.

E steht für die Einzigartigkeit des Ankers, denn wenn der gleiche Ankerpunkt für verschiedene Zustände genutzt wird, dann kannst Du Dir sehr gut vorstellen, dass damit Zustände vermischt werden. Willst Du daher einen Anker installieren, der sich über eine lange Zeit hält und konditioniert, dann ist es wichtig, dass dieser im allgemeinen Tagesverlauf nicht stetig überlagert wird, wie zum Beispiel die Handinnenfläche , die durch einen Handschlag immer wieder genutzt wird.

R steht für die Reinheit des Zustandes, denn wenn Du Dich an einen positiven Zustand erinnern, der allerdings begleitend auch etwas abschwächendes hat wie zum Beispiel einen gelungenen Verkaufsabschluss und danach die Provision fehlinvestiert, dann wird eventuell das wehmütige Gefühle gleich mit geankert. Daher achte stets darauf, dass der Zustand, den Du festhalten möchtest auch so „rein" wie möglich ist.

6.03 Beispiele

Verkauf: Den Gesprächspartner / Kunden ankern

Stelle Dir einmal vor, welche Möglichkeiten sich bieten, wenn Du Deinen Kunden oder Gesprächspartner in positive Zustände versetzen kannst und es Dir darüber hinaus noch gelingt, diese mit Dir zu verknüpfen, so dass Du diese bei Deinem Kunden als angenehm empfundenes Gefühl immer wieder abrufen kannst.

Um das erfolgreich umzusetzen kannst Du sogar Klassiker wie das reden über die Familie, Hobbys oder positive Erfahrungen des Kunden nutzen und ihn dadurch positiv zu konditionieren und wenn Du dann Ihr Produkt, Deine Dienstleistung oder Dich selbst einbringst, dann hast Du eine positive Verknüpfung hergestellt.

Unterstreiche daher auch den Zustand und baue diesen aus, indem Du jetzt das Gefühl durch das Sinnessystem des Gesprächspartners wie Bilder, Fotos, Präsentationsmappen, bestimmte Worte, Musik, Geräusche und Gesten wie zustimmendes Schulterklopfen oder in die Hände klatschen, einen Gegenstand als Geschenk, der seinen Platz auf dem Schreibtisch des Kunden findet oder ähnliches.

Sprich mit Deinem Kunden über vergangene positive Erfahrungen mit Di und Deinem Produkt / Dienstleistung und assoziiere (hineinversetzen) ihn in einen guten Zustand, stelle Fragen, die Ihn in einen angenehmen Zustand bringen und verknüpfe jeweils das angenehme Gefühl mit Deinem jetzigen Angebot und der Zielsetzung.

Es wird dadurch sehr schnell gehen, dass Dein Ansprechpartner in einer positiven Emotion ist, wenn er an das Produkt denkt. Das erleben seines Gefühls steuert auch sein Verhalten und das führt zu seiner Kaufentscheidung und Abschlussbereitschaft.

Denke einmal daran, wie beispielsweise auch die Werbung im Fernsehen funktioniert. Der Zuschauer wird erst in eine bestimmte Stimmung hineinversetzt (Gesundheit, Erfolg, Urlaub, Glück usw.) und dann erst wird ihm das Produkt, um das es geht, vor Augen geführt.

Du wirst selbst über die Wirkungsweise überrascht sein, wenn Du einen dieser gesetzten Anker bei Deinem nächsten Besuch dieses Kunden auslöst.

Produkte: Die eigenen Produkte und Service verankern

Es ist selbstverständlich, dass Du nie negativ über Deine Dienstleistung oder Dein Produkt und Service sprechen würdest und Du weißt, dass das natürlich auch Deinem Kunden bewusst ist.

Darüber hinaus ist ihm auch klar, dass Du Deine Dienstleistung, Angebot oder Produkt so präsentierst, dass ihm alle Möglichkeiten, Vorteile und der Mehrwert durch den Abschluss und die Zusammenarbeit mit Dir vor Augen geführt werden. Daher kann er Dich also nicht als neutrale Person betrachten, denn Du hast natürlich Interesse daran ihm etwas zu verkaufen.

Aus diesem Grund ist es eine zusätzlich zu den Argumenten die Du angeführt hast und dem Vertrauen, dass Du aufgebaut hast eine Unterstützung, wenn Due Deine Aussagen und Argumente mit positiven und beweisbaren Verankerungen verknüpfen, die Dein Kunde und Gesprächspartner diese auch nachvollziehen kann.

Beispiele hierfür sind:

1. Vorführungen
2. Statistiken und Untersuchungen
3. Expertenaussagen und Zeugnisse
4. Modelle und Schaustücke
5. Presse und Fachartikel
6. Empfehlungen
7. Wirtschaftlichkeitsrechnungen
8. Referenzen
9. Gutachten

Negativbeispiel: Wettbewerber

Dieselbe Strategie, die im positiven Sinne funktioniert, gelingt natürlich auch, wenn es um negative Gefühle geht und mit welchen Personen, Produkten und Erfahrungen diese verknüpft sind. Wenn Dir Situationen Deines Kunden mit Einem Mitbewerber bekannt sind, die ein eher negatives Gefühl bei Deinem Kunden auslöst, dann lasse Ihn diesen Zustand noch einmal intensiv erleben, so dass er sich dieser Erfahrung auch bewusst ist.

Dadurch motivierst Du Ihn, sich weg vom Wettbewerb und hin zu Dir mit Deinem Angebot

zu entwickeln. Da er ja auch bereits eine schlechte Erfahrung hinter sich hat, hilf Ihm damit auch, sich vor einer weiteren Erfahrung dieser Art zu schützen.

Direkte Wettbewerbsvergleiche begegnen uns mittlerweile sogar ganz offen im Fernsehen, wo sogar Produkte nebeneinender gehalten werden. Wir dagegen gehen hier mit tatsächlich gemachten Erlebnissen um.

6.04 Übungsaufgaben für Anker:

a) Lege Dir eine Mappe, einen Ordner oder einen Karton mit positiven Ankern an. In diese kannst Du ganz persönliche und positiv belegte Erinnerungen wie zum Beispiel sportliche Urkunden usw. hineinlegen und Dir damit eine motivierende „Schatzkiste" schaffen, die Du Dir als Kraftquelle immer im benötigten Moment vor Augen führen kannst. Durch die emotionale Bindung wird es sofort eine Auswirkung auf Deinen inneren Zustand auslösen.

b) Mische Dir eine CD mit Deiner Lieblingsmusik zusammen. Höre Dir die einzelnen Lieder an und notiere Dir, was sie in Dir auslösen, woran sie Dich erinnern.

c) Nun beschäftigen wir uns mit Bildern. Bist Du bereit? Hole Deine Fotoalben und lass Dich von den Bildern in Deine Vergangenheit zurück tragen. Welche Emotionen kommen Dir beim Betrachten der Bilder hoch? Welche inneren Bilder hast Du und was lösen sie in Dir aus?

d) Nehme Dir Deine Wohnung vor. Welche Gegenstände und Möbel stehen da herum? Was verbindest Du mit ihnen? Unterstützen Dich die Erinnerungen oder sabotieren sie Deine guten Gefühle?

e) Denke einmal an Worte. Was verbindest Du mit den Worten: Erfolg, Liebe, Geld, Niederlage, Finanzamt? Was verbindest Du mit Deinem Namen? Auch Worte oder der eigene Name können zu mächtigen Ankern werden.

f) Orte: Gibt es bestimmte Plätze auf diesem Planeten, an denen Du Dich anders fühlst, z.b. in einem bestimmten Urlaubsgebiet oder in einer bestimmten Stadt oder in einem bestimmten Land usw. Ich zum Beispiel schätze bestimmte Orte sehr und mag auch das Land Kanada, mit denen ich Besondere Erlebnisse verbinde. Diese Erfahrungen liegen zum Teil bereits durchaus eine Weile zurück, sind aber für immer in meinem Unbewussten gespeichert und wenn ich intensiv daran denke, dann komme ich wieder in den entsprechenden Zustand.

g) Menschen: Welches Gefühl hast Du, wenn Du bestimmten Menschen gegenüber trittst? Mache Dir bewusst, was zu diesem Gefühl geführt hat. Vielleicht eine Begegnung in der Vergangenheit oder auch nur die Ähnlichkeit mit einem anderen Menschen, mit dem Du schlechte Erfahrungen gemacht hast oder etwas völlig anderes.

„Nicht die Dinge an sich sind es, die uns beunruhigen,

sondern vielmehr ist es unsere Interpretation der Bedeutung dieser Ereignisse,

die unsere Reaktion bestimmt."

(Marc Aurel)

7 Reframing

Definition von Reframing:

Reframing heißt so viel wie umdeuten, Perspektivenwechsel oder etwas in einen anderen Rahmen stellen. Das Ziel ist es, mit diesem Wechsel in der Bedeutung auch einen Wechsel im Erleben bei sich selbst oder unseren Gesprächspartnern und Zuhörern zu bewirken.

In unserem Leben als Verkäufer geschehen oft Dinge, die wir uns nicht gewünscht haben: Enttäuschungen, Niederlagen und Fehlschläge. Dies sind Ereignisse, die uns demotivieren und frustrieren können.

Diese Erfahrungen teilen wir durchaus auch mit unseren Kunden, Kollegen und Ansprechpartnern. Diese Erfahrungen machen etwas aus in unserem Erleben und der Bedeutung, die wir diesem Ereignis geben. Meistens bewerten wir negativ und aus dieser Haltung heraus reagieren Menschen auf uns.

Im NLP nehmen wir an, dass hinter und in allem noch etwas anderes steckt und es auch eine zweite Seite „der Medaille" gibt.

Unsere Probleme sind verpackte Herausforderungen, die uns das Leben stellt, damit wir wachsen und uns entwickeln können. Wir helfen unserem Kunden dabei, durch einen Perspektivenwechsel weg von der negativen Bewertung hin zu einer neutralen oder positiven Betrachtungsweise zu kommen.

7.01 Reframing – einen anderen Rahmen schaffen

Die Bedeutung, die ein bestimmtes Ereignis, eine Aussage, ein entsprechendes Verhalten, ein prägender Glaubenssatz oder ein auslösender „Trigger" hat, hängt im wesentlichen von dem Kontext, dem Rahmen ab, in den wir es hineinstellen und betrachten. Frame ist der Rahmen und Reframing bedeutet, einen neuen Rahmen zu schaffen und dadurch der alten Bedeutung eine neue und dadurch andere Bedeutung zu geben.

Ein Bild kann in einem neuen Rahmen eine ganz andere Wirkung erzielen!

Wird jetzt ein Problem „reframt", dann bekommt dasselbe Ereignis und die eingeschränkte Betrachtung eine neue Bedeutung und andere Perspektive für unseren Gesprächspartner und Zuhörer.

Dadurch entsteht ein neues Verhalten und andere Reaktionen als die bisherige ermöglicht. Reframing bezeichnet den Prozess des Umdeutens und des Einnehmens einer anderen Betrachtung und Wahrnehmung der Ereignisse und dadurch einer anderen Interpretation.

Hierbei ist Ihre Reaktionsfähigkeit, Kommunikation und geistige Verhaltensflexibilität gefragt und komme mir jetzt bitte nicht mit dem negativen und dem einschränkenden Glaubenssatz:

„Ich bin aber nicht Schlagfertig genug!"

Ich habe noch kein Kind mit dem Stempel auf der Stirn auf die Welt kommen gesehen, auf dem steht. „Du bist Schlagfertig!"

Das ist Einstellung und Übungssache und gehört für Dich als Profi zu Deinen Hausaufgaben.

Übe und trainiere daher Antworten und Reaktionen auf die Aussagen oder angenommenen Vorurteilen, Vorannahmen und möglicher Denkmuster Deines Gesprächspartners, der Meeting – Teilnehmer oder Deiner Zuhörer. Eigne Dir ein entsprechendes Repertoire an, um individuell und Situationsgerecht und spezifisch reagieren zu können.

Wenn Dein Gegenüber oder Publikum Deine Angebote, Aussagen und Input in einen negativen Rahmen (engl. Frame) setzt, dass mit einem entsprechenden Gefühlszustand belegt und mit einem Einwand und „dagegenhalten" äußert, dann kannst Du nun professionell darauf reagieren können, oder sogar bereits „vorwegnehmen", indem Du mögliche Gegenargumente und dergleichen selbst ansprichst und mit einer anderen Sichtweise und Denkanstoß entmachtest.

Durch die Art und Weise, wie wir etwas wahrnehmen und die Bedeutung, die wir dem zumessen, gewinnt diese Einfluss auf unseren inneren Zustand und dadurch auch auf unser äußeres Verhalten zu nehmen.

Die Fähigkeit damit umzugehen und unseren Zustand und Verhalten selbst aktiv zu managen, unterscheidet den nur mittelmäßigen zum professionellen und erfolgreichen Präsentator und Gesprächsführer.

Jetzt überzeugen zu können heißt für Dich, die Fokussierung Deines Gegenübers und dadurch auch seinen Zustand und die innere Haltung durch einen anderen Blickwinkel zu verändern.

Du konstruierst für Deinen Zuhörer einen neuen Rahmen (Reframing) und die Situation verändert sich für Ihn oder die Gruppe. Dadurch hilfst Du denjenigen zu einer Neu.- und Umorientierung in eine andere Richtung und der bisherige Kontext oder Sachverhalt erhält eine neue Bedeutung, die wiederum ein anderes Verhalten und entsprechende Reaktionen auslösen.

Vorhergehende Auslöser für eine ablehnende Haltung werden entkräftet!

Beim Reframing geht es darum, eine für unsere oder die Situation des Gesprächspartners und Zuhörer eine „passendere" Bedeutung, Perspektivenwechsel oder Sichtweise für das problematisch erlebte Verhalten zu finden und einen anderen Blickwinkel zu schaffen und dadurch in einen anderen Zusammenhang zu stellen und dadurch wieder mehr Zugang zu

Ressourcen und dadurch zu Handlungsmöglichkeiten zu kommen.

Beispielfrage:

„Was ist, wenn anstelle von Y nun Z bedeutet.

Beispiele:

„Einen Kontext suchen, in dem Verhalten X nützlich ist."

„Krisen sind schlimm!".

„Krisen bedeuten auch Chancen zur Neuorientierung!"

Die Einleitung von Reframings erreichst Du z.b. mit Aussagen wie:

- Können Sie sich vielleicht vorstellen dass....
- Nehmen wir einmal an....
- Was könnte geschehen, wenn....
- Stellen Sie sich einmal vor....
- Nur einmal vorausgesetzt dass....
- Was würde geschehen, wenn....
- Wenn ...., dann....
- Was ...., wenn ....

„Man lernt aus eigener Erfahrung,

aber wenn möglich,

sollte man besser aus den
Erfahrungen anderer lernen!"

(Warren Buffett)

8 Abschluss

Der Abschluss ist für Dich eine weitere Chance, noch einmal einen Unterschied zu den leider oft verbreiteten schlechten Präsentationen zu machen, denn es geht darum in Erinnerung zu bleiben und zwar positiv besetzt. Psychologisch betrachten, bleiben die letzten Momente in der stärksten Erinnerung der Teilnehmer!

Ich gehe sogar mit meiner Behauptung so weit, dass Du Deinen Vortrag, der bis jetzt noch nicht die volle Wirkung erzielt hat, mit einem Abschlussfeuerwerk noch einmal puschen kannst!

Sei Dir vorher im Klaren, in welcher Stimmung und wie die Teilnehmer Deine Präsentation verlassen sollen und was Du in Ihrem Kopf hinterlassen möchtest.

Wie gelingt Dir das?

Du steigerst hier noch einmal Aufmerksamkeit und Emotion, puscht und wiederholst noch einmal Kernpunkte und fast diese zusammen.

Letzte noch offenen Fragen werden beantwortet und die Wirkung hervorgehoben.

Dann Appel und Aufforderung zur Umsetzung und hebe dabei hervor, was die Auswirkung der Umsetzung für die Zuhörer und Teilnehmer im Ergebnis bedeutet!

Mach die Wirkung deutlich und beglückwünsche die Teilnehmer zur Entscheidung, in die Umsetzung zu kommen.

Dann am Ende bedankst du Dich und holst Dir den verdienten Applaus und Feedback ab. Bleib dabei stehen! Sauge es auf und nimm diese Emotion als positiven Anker mit in Deine künftigen Präsentationen! Viel Spaß und Erfolg damit!

„Es ist okay und gesund Angst zu haben.

Angst macht dich wach und bringt Dich voran. Nur feige darfst du nicht sein.

Wenn Du feige bist, drehst Du um oder machst den nächsten Schritt nicht.

Das heißt, du bleibst stehen, fällst zurück. Und ja, das ist lernbar!“

(Wladimir Klitschko / Weltmeister, Unternehmer, Politiker)

9 Extra als Zugabe: Vermeidbare Fehler

Anhand dieser Liste kannst Du prüfen, wo Du gerade stehst und an was Du gedacht hast. Reflektiere auch hinterher, wie es war, was funktioniert hat und worauf Du noch weiter achten kannst!

- Unvorbereitet (Inhalt / Ziel und Zielgruppe)
- Hektisches Ankommen
- Floskeln und konventionelle Einstiege laden zum Gähnen und mentalem Ausstieg ein
- Verpasst Beziehung aufzubauen
- Eigenes Ego zu sehr im Vordergrund
- Lehrerhaft – vermeide das, denn hier haben viele zu negative Erinnerungen!
- Perfektion – Niemand will einen Roboter, es geht von Mensch zu Mensch
- Zu viel Superlative (allergrößte, allerbeste usw.) das ist eher abschreckend
- Übertreibungen - „Meine ehrenwerten, hochgeschätzten Damen und Herren"
- Mit Entschuldigungen und Selbstentwertung starten (ich wäre gerne besser vorbereitet ...)
- Stetiges Ablesen – wer den Blickkontakt verliert, der verliert den Menschen!
- Ablesen von Powerpoint (betreutes lesen)
- Schachtelsätze – zu lange ineinander greifende Sätze (Reizüberflutung / „Schwall ins All")
- Überdosis – Reizüberflutung „gut gemeint ist nicht gut gemacht! / weniger ist mehr!
- Überlänge – sorge für Pausen und Wertschätzung des Zeitmanagements
- Ablenkungen vermeiden – das sorgt für Verunsicherung
- Hin und her wanken / Standbein – Spielbein sorgt für Unruhe und verkörpert Unsicherheit
- Festhalten – viele Redner suchen Sicherheit und wirken dadurch verkrampft
- Konjunktive – durch diese Weichmacher nimmst Du dir die Wirkung Deiner Aussage und Geistige Aussetzer wie Äh, mh usw. das sorgt für Unsicherheit!

„Ich wurde Unternehmer,

**um das Leben von Menschen positiv
zu verändern!"**

(Richard Branson)

**„Unser größter Ruhm liegt nicht
darin, niemals zu fallen,**

**sondern jedes Mal wieder
aufzustehen, wenn wir gescheitert
sind!"**

(Konfuzius)

Nachwort

Du hast jetzt einiges Erfahren und manches war Dir bereits bekannt und anderes neu oder überraschend.

Spannend ist, dass es sich bei den Tipps und Inhalten tatsächlich um erlernbare Strategien und Möglichkeiten handelt, die du auch bei bekannten Rednern, Verhandlungsexperten und Persönlichkeiten wieder findest.

Deren Strategien und Methoden lassen sich beobachten und identifizieren. Es steckt ein „Erfolgsmuster" dahinter und im NLP kennen wir die Strategie „Modellieren".

Das bedeutet, erkannte Vorgehensweisen herausarbeiten und dadurch multiplizierbar zu machen.

Es wird dadurch greif- und erlernbar!

Dadurch wird zwar dem ein oder andern „Charismatischen – Speaker", Leader oder Führungsperson und wirksamen Redner, an deren Lippen die Menschen hängen, die Maske abgenommen und ein Blick hinter die Kulissen der wirkungsvollen Fähigkeit und Tätigkeit geworfen, jedoch erhalten alle diejenigen Zugang, die sich bislang über den großen Unterschied von Wirkung gewundert haben.

Wenn Du daran arbeitest und die Strategien verinnerlichst und Ideen und Impulse nutzt, dann wirst du verblüfft sein, welche Dynamik und Feedback durch Deine künftigen Präsentationen entsteht.

Bleibe dabei reflektiert, entwickle Dich kontinuierlich und genieße Deine Ergebnisse!

Viel Erfolg, Dein Stefan

Der Autor

1965 Geboren / Familienstand verheiratet und zwei Kinder
1992 – 2000 Teamleiter und Ausbilder in der Industrie
1998 Ausbildung zum Individual – Coach
2001 Vertriebsleiter Internationales US Unternehmen
2002 Business Trainer und Coach
2006 NLP Master (DVNLP & INLPTA)
2007 NLP- Trainer (DVNLP)
2007 Berufung Prüfungsausschuss für Vertrieb der IHK (RH)
2009 Berufung zum Lehrtrainer NLP (DVNLP)
2011 Berufung zum Master – Trainer (International Association
of NLP Institutes)
2011 Fachbuchautor „ Das K-S-V-Prinzip / regelmäßig diverse
Fachartikel
2015 Nominiert zum Vorbildunternehmer 2015 mit
Auszeichnung!
2015 Ernennung zum Certified Business Trainer ausgestellt
durch die nach EN ISO/IEC 17024 von ICMCI akkreditierte
Personenzertifizierungsstelle incite GmbH !
2016 Top Coach (Ergebnis unabhängiger FOCUS Umfrage) in
den Bereichen Kommunikation, Führungskräfte und Vertrieb
2017 Entwicklung Lernkarten – Set (Vertrieb – Einwand –
Behandlung / Veröffentlichung auf der Frankfurter Buchmesse) /
Fachartikel u A. in „Erfolg" und „Praxis Kommunikation"
2018 Ernennung zum Coach Master Trainer ICI (International
Association of Coaching Institutes)
2019 EXPERTE – Auszeichnung "Führung & Vertrieb" (Erfolg
Magazin)
2019 Veröffentlichung "Publik Speaking" – Präsentieren mit
Wirkung / Lernkartenset "Akquise!"
2020 TOP 100 Excellent Trainers (Deutschland / Schweiz /
Österreich / Italien), EXPERTE – Führung & Vertrieb (Erfolg
Magazin), TOP Dienstleister & Weiterempfehlung (Proven
Expert) und Ernennung zu den 500 wichtigsten Köpfen der
Erfolgswelt durch das Erfolg Magazin

2021 Auszeichnung durch Proven Expert Top – Empfehlung /
Top – Dienstleister (zum wiederholten Mal), Publikation
„Professionelle Kommunikation – Endlich mehr Erfolg im Beruf"

2022 Keynote Award Speaknigt, Red Fox Award, Business
Award Berlin, Excellence Award

2023 EXPERTE – Auszeichnung (ERFOLG Magazin)

Themen:

Sales und Service Außen- und Innendienst
Telefon-Training (Akquise, Reklamation, Verkauf,
Kundenbetreuung)
Training für die erfahrenen Vertriebsmitarbeiter
Präsentations-Training – Wirkungen in Vorträgen steigern

Train – the – Trainer

Präsentationstraining
Stressreduzierung und Sicherheit bei harten Einkaufstaktiken
Erfolgsstrategien für Preis- und Abschlussgespräche
Management- und Führungskräfte-Training
Konflikt-, Beurteilungs-, Feedback- und
Zielvereinbarungsgespräche
Kommunikationstraining und Teamtraining

Change Management und Transformations - Prozesse

Coaching on und off the job

NLP Ausbildungen (Practitioner / Master / Trainer) / NLP im
Vertrieb

Redner / Speaker auf Impulsveranstaltungen, Keynotes auf
Kongressen und Veranstaltungen

Welche Branchen wurden u. A. bereits trainiert:

· Technische Unternehmen
· Maschinenbau / Sondermaschinenbau
· Bau und Baustoffe
· Banken
· Versicherungen / Sonderversicherungen
· Dienstleister / Logistik
· Handel / Konsumgüter
· Chemie
· Medizinprodukte (Vertrieb und Kundendienst)
· IT-Dienstleistungen
· Automobilindustrie

Kurzbeschreibung:

Stefan Heller schöpft aus einem Erfahrungsschatz von über 25 Jahren im Bereich Service, Vertrieb und Führung, insbesondere im innovativen Mittelstand und der Industrie.
Ab dem Jahr 2000 und der professionellen Ausbildung in einem renommierten Trainingsinstitut begann er, methodisches Wissen und kommunikative Erfahrungen weiterzugeben.

Die Teilnehmer seiner Trainings, Ausbildungen und seines Coaching profitieren erfolgreich von der auf die Praxis zugeschnittenen Techniken und Methoden, die er in seinem Berufsleben selbst erlebt und auch konsequent anwendet.
Sie loben dabei die lebendige und humorvolle Ausstrahlung, seine Leidenschaft für das Thema, die klare Trainingsstruktur und die praktischen Beispiele aus dem Tagesgeschäft mit den daraus resultierenden tatsächlich umsetzbaren Erkenntnissen.

Die Trainings entwickelt Stefan Heller aus und für die Praxis maßgeschneidert auf den jeweiligen Kundenbedarf und dabei schätzen seine Kunden ihn als kompetenten, vertrauensvollen und den Unternehmenszielen verpflichteten Geschäftspartner.

Mission zum Training: „Kunden – und Teilnehmerorientiert mit nachhaltiger Wirkung die bleibt!"

Werbung / Kontakt

Kontakt:

Stefan Heller Training & Coaching / IKFV
Jahnstraße 23
65510 Idstein
Mobil: 0171 – 2640025
Fest: 06126 – 9577805
Mail: stefan.heller@ikfv.de
Homepage: www.stefan-heller.com